우리는
지구마을에
삽니다

우리는 지구마을에 삽니다(초중등 디딤돌편)
세계시민 되기 교과융합수업 워크북

초판 1쇄 발행 2025년 1월 10일

지은이 **이예지·이유경·정현미·홍연진·강혜미·김민호·박민수·양철진·한진택**
그린이 **나수은** | 감수 **이성회** | 펴낸이 **임경훈** | 편집 **김수연**
펴낸곳 **롤러코스터** | 출판등록 제2019-000296호
주소 서울시 마포구 월드컵북로 400 서울경제진흥원 5층 17호
이메일 book@rcoaster.com | 전화 070-7768-6066 | 팩스 02-6499-6067

ISBN 979-11-91311-57-0 73300

©이예지·이유경·정현미·홍연진·강혜미·김민호·박민수·양철진·한진택, 2025

어린이제품안전특별법에 의한 제품 표시
제조자명 **롤러코스터** ＼제조국 **대한민국**
▲주의 책의 모서리가 날카로우니 던지거나 떨어뜨려 다치지 않도록 주의하세요.
KC 마크는 이 제품이 공통안전기준에 적합하였음을 의미합니다.

우리는 지구마을에 삽니다

세계시민 되기
교과융합수업 워크북

이예지 · 이유경 · 정현미 · 홍연진 · 강혜미 · 김민호 · 박민수 · 양철진 · 한진택 지음
나수은 그림 | 이성회 감수

들어가는 말

　세계시민교육 연구개발 공동체 '느루'에서 새로운 책을 출판하게 되었습니다. 처음 '느루' 모임을 결성할 때는 '느루'가 이렇게 지속적으로 연구 성과를 일궈 내리라는 생각은 하지 못했습니다. 그저 관심 있는 분야에 대해 함께 모여 연구하고, 세계시민 교육의 중요한 의미와 가치에 대해 깨닫게 되는 일련의 과정을 거친 것들이 쌓여 끊이지 않고 무언가를 만들어 가는 것 같습니다.

　《우리는 지구마을에 삽니다_초중등 디딤돌편》은 교과융합수업을 목적으로 만들어진 책입니다. 이 책의 콘텐츠는 오래전부터 구상하고 고민하던 내용이었습니다. 사실, 교과융합수업은 다양한 사례들이 있어서 어렵지 않게 만들 수 있으리라는 안일한 생각을 했다가, 예상하지 못한 난관에 부딪히기도 했습니다. 외국 자료부터 국내의 다양한 자료에 이르기까지 사전 준비 작업부터 적지 않은 노력이 필요했고, 무엇보다 다양한 교과를 다뤄야 하는 점에서 어려움을 느끼기도 했습니다. 그 외에도 일일이 열거하기 힘들지만, 책을 만드는 과정에서 크고 작은 고민 지점들이 숱하게 있었습니다. 이 책에는 그렇게 어려운 과정을 이겨낸 느루 소속 선생님들의 의지와 열정이 담겨 있습니다.

　책을 만드는 과정에서 놓치지 않으려고 했던 점은 세계시민 교육의 가치와 철학을 담는 것이었습니다. 더불어 이러한 가치와 철학을 새로운 교육과정에서 충분히 활용할 수 있는 방안을 찾고자 했습니다. 최선을 다해 책을 집필했지만, 저

희의 부족함으로 인해 미흡한 부분이 있을 수도 있습니다. 독자분들이 책에서 발견한 문제점이나 개선점을 전달해 주시면 향후 출판 과정이나 활동에 적극적으로 반영하고 세계시민 교육의 가치가 훼손되지 않도록 노력하겠습니다. 또한 이 책의 판매를 통해 발생하는 인세는 책의 의미를 실현할 수 있는 NGO 단체에 기부할 예정입니다. 세계시민의 가치를 나누는 데 작은 힘이나마 함께하겠습니다.

기존의 도서들과 여러 부분에서 차별성을 띤 이 책이 이렇게 출판되리라고는 솔직히 상상하지 못했습니다. 아이디어만 말씀드렸는데 선뜻 출판 결정을 내려 주시고, 여러 힘든 과정에도 차분히 출판 과정을 진행해 주신 롤러코스터 임경훈 대표님과 김수연 편집자님께 감사를 드립니다.

책의 의미와 가치를 공감해 주시고 감수를 맡아 주신 이성회 교수님, 추천사를 써주신 이병준 교수님께도 감사의 마음을 전합니다. 끝으로 책을 만드는 데 동기를 불어넣어 주고 도움을 주셨던 모든 동료 교사와 세계시민 교육에 관심을 보여 주신 모든 분들에게도 깊은 감사의 마음을 전합니다.

세계시민교육 연구개발 공동체 '느루' 대표 교사
양철진 드림

차례

운동장에서 체육을 하고 싶어요!

우리는 운동장에서 신나게 체육을 몇 번이나 했을까요?

황사, 미세먼지, 여름의 긴 장마, 폭우, 폭염 등 운동장 체육수업을 방해하는 요소는 너무나도 많습니다. 이뿐만 아니라 환경오염으로 인한 지구 온난화가 불러온 기상현상은 건강까지 위협합니다. 어떻게 해야 우리의 건강도 지키고, 우리 반 친구들과 운동장에서 신나게 체육 수업을 할 수 있을까요?

우리와 떼려야 뗄 수 없는 환경을 일상에서 지켜 나가며, 환경문제를 해결하기 위해 다양한 활동을 해 봅시다.

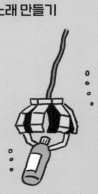

이 챕터의 흐름

● 생각 열기
● 탐구하기
● 함께하기

체육관 건설, 당신의 선택은?
찬반 토론을 해 봅시다

✦ **다음 만화를 읽어 봅시다.**

1. 체육관 건설에 대한 나의 의견에 동그라미 표시하고, 그 이유를 적어 봅시다.

> 보기　　　　　체육관을 짓자!　　　체육관을 짓지 말자!

이유

- -

- -

- -

- -

2. 토론을 시작하기 전, 자신의 주장을 적고 이를 뒷받침할 근거를 생각해 봅시다.

❶ 자기편 주장을 뒷받침할 증거

❷ 근거를 뒷받침할 자료 찾기 (책, 인터넷 검색 등 다양한 매체 활용)

❸ 상대편이 제시할 반론 생각해 보기

3. 순서에 맞게 우리 팀의 의견에 알맞은 내용을 정리해 봅시다.

> **주장 펼치기**

⬇

> **예상 반론 답변**

⬇

> **주장 다지기**

4. 토론을 마치며 오늘 토론 내용에 대한 자신의 생각을 적어 봅시다.

미세먼지를 옮겨라!

놀이를 해 봅시다

1. 다음 방법을 읽고 '미세먼지를 옮겨라!' 게임을 해 봅시다.

게임 준비물 콩주머니 80개(혹은 4의 배수만큼 준비), 바구니 4개

게임 규칙

❶ 4개의 모둠으로 팀을 나눈다.

❷ 정사각형 모양의 꼭짓점에 모둠별로 한 줄로 선다.

❸ 각 팀별로 꼭짓점에 바구니를 놓고, 바구니 안에 콩주머니 20개를 넣는다.

❹ 경기가 시작되면 가장 앞에 서 있는 친구가 바구니 안에서 1개의 콩주머니를 꺼내 왼쪽에 있는 팀의 바구니로 뛰어가 콩주머니를 옮기고, 우리 팀으로 돌아와 다음 주자와 하이파이브를 한다.

❺ 두 번째 선수는 첫 번째 선수와 하이파이브를 한 뒤, 똑같이 우리팀 콩주머니 1개를 왼쪽 팀으로 집어넣고 돌아와 세 번째 선수와 하이파이브를 한다.

❻ 임무를 완수한 학생은 우리 팀 줄 맨 뒤로 와서 다음 순서를 기다린다.

❼ 제한 시간이 끝나고 가장 적게 콩주머니를 가지고 있는 팀이 이긴다.

게임 레벨 업

아래의 규칙을 추가하여 다시 게임을 해 봅시다.

새로운 규칙 ❶ 반대 방향(나의 오른쪽 팀에게 콩주머니를 이동시키기)으로 진행해 보자!

새로운 규칙 ❷ 한 번에 콩주머니를 2개씩 옮겨 보자!

새로운 규칙 ❸ 꼭 양쪽 팀으로 지정하지 말고, 아무 팀이나 랜덤으로 콩주머니를 옮겨 보자!

미세먼지는 왜 생길까?
글을 읽고 요약해 봅시다

1. 다음 글을 읽고 물음에 답해 봅시다.

뿌옇게 변한 하늘로 인해 매일 미세먼지 수치를 확인하고 마스크를 쓰는 것은 일상이 되었습니다. 미세먼지는 지름 10㎛(마이크로미터, 1um은 1m의 100만분의 1) 이하의 아주 미세한 입자로, 공기 중에 떠다니며 호흡기 질환, 심혈관 질환, 암 등 다양한 건강 문제를 유발하는 것으로 알려져 있습니다. 그럼, 이런 미세먼지는 왜 생길까요?

미세먼지의 원인은 자연적 요인과 인위적 요인 등 여러 가지가 있습니다. 미세먼지의 가장 큰 원인은 화석 연료를 태울 때 생기는 매연 때문입니다. 특히 화석연료로 운행하는 자동차, 선박, 건설 중장비와 석탄 화력 발전 등이 대량의 매연을 배출합니다. 화석연료가 타는 과정에서 질소산화물, 황산화물 등이 배출되고 이것들이 대기 중 수증기, 암모니아 등과 결합하여 미세먼지가 생성됩니다.

농사를 지으며 발생하는 부산물 혹은 잡초, 폐기물 목재 등을 소각하는 것도 미세먼지의 원인이 됩니다. 농업 부산물, 잡초, 폐기물, 목재들을 태우는 과정에서 미세먼지의 원인 물질인 휘발성 유기화합물이 대기 중으로 방출되기 때문입니다.

화산 폭발, 먼지 폭풍, 산불은 자연적인 요인으로 발생하는 미세먼지의 원인입니다. 화산 폭발로 인해 대기 중에 방출되는 화산재와 화산 가스는 수천km 이상 떨어진 곳까지 이동할 수 있습니다.

① 각 문단의 중심 문장을 찾아봅시다.

문단	중심 문장
1	
2	
3	
4	
5	

② 보기 를 보고, 글의 구조에 맞는 정리 틀을 고른 뒤에 내용을 정리해 봅시다.

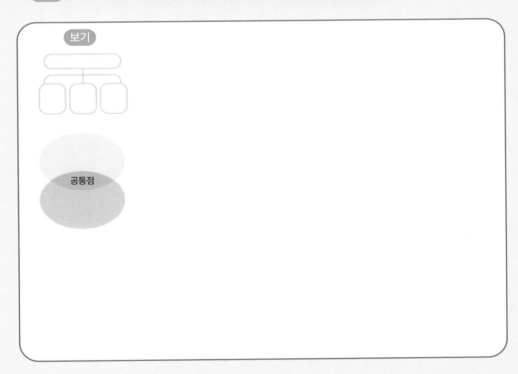

2. 미세먼지는 입자가 매우 작아 몸에서 걸러지지 않고 몸 깊숙이 침투해 코, 기관
   지, 폐 등 호흡기 질병과 피부 관련 질병 등을 일으킵니다. 조사를 통해 미세먼지
   가 우리 몸에 어떤 영향을 미치는지 아래의 그림에 정리해 봅시다.

결막염

우리 학교 체육대회는 언제 해요?

월별 미세먼지량을 막대그래프로 나타내 봅시다

---

1. 혜강이가 사는 지역의 월별 미세먼지량을 조사하여 나타낸 막대그래프를 보고 이야기해 봅시다.

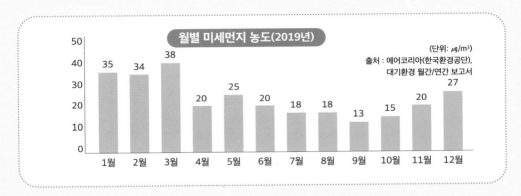

① 미세먼지 농도가 가장 높았던 시기와 가장 낮았던 시기는 각각 언제인지 적어 봅시다.

_____

_____

② 혜강이네 학교는 언제 체육대회(또는 체험 학습)를 실시하면 좋은지 그 이유를 적어 봅시다.

_____

_____

_____

2. 우리 지역의 월별 미세먼지량을 조사하여 표로 나타내 봅시다.

월	4월	5월	6월	7월	9월	10월
대기 오염도						

① 위 막대그래프를 보고 알게 된 사실을 적어 봅시다.

----

3. 우리 학교는 체육대회, 체험학습 등 교외(야외)에서 실시하는 학교 행사를 언제 하면 좋을지 계획하여 봅시다.

체육대회	
체험학습	

신선한 공기, 공기 청정기를 만들어요!

DIY 공기 청정기를 만들어 봅시다

---

1. 공기 청정기, 뭐 하러 사서 쓰세요? DIY 공기 청정기 제작 영상을 시청한 후 이
야기 나눠 봅시다.

미세먼지 농도를 확인하는 것이 일상이 된 지금, 공기 청정기는 선택이 아닌
필수 가전제품이 되었습니다. 하지만 너무 비싼 가격 때문에 공기 청정기는
부담이 될 수밖에 없습니다. 이런 부담을 해결하는 동시에 기후 변화에
적극 대응하는 방법! 바로 내 손으로 공기 청정기를 만드는 것입니다.
공기 청정기의 원리를 알면 누구나 만들 수 있습니다.

① DIY 공기 청정기를 만드는 데 어떤 재료가 사용되었는지 적어 봅시다.

_____

_____

_____

② DIY 공기 청정기가 미세먼지 농도를 어떻게 변화시켜 주었는지 적어 봅시다.

_____

_____

_____

2. 미세먼지 OUT! 공기 청정기를 만들어 봅시다.

재활용품을 활용하여 만든 공기 청정기

① 여러분이 만들고 싶은 공기 청정기를 그림으로 나타내 봅시다.

② 재활용품을 활용하여 나만의 공기 청정기를 만들어 봅시다.

3. 여러분이 만든 공기 청정기를 패들렛에 올려 느낌이나 생각을 공유해 봅시다.

로봇! 미세먼지를 해결해 주세요
로봇을 발명해 봅시다

1. 환경 오염 문제를 해결하기 위해 로봇이 활용된 사례를 읽어 봅시다.

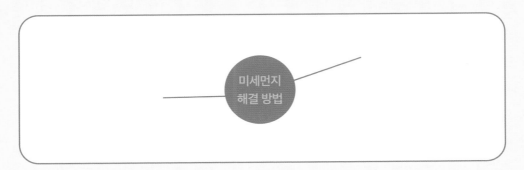

바다에 떠다니는 수많은 쓰레기로 인해 바다가 오염되고 해양 생태계에 큰 영향을 미치고 있습니다. 이러한 문제를 해결하기 위해 해양 쓰레기를 청소하는 다양한 해양 로봇이 개발되고 있습니다. 독일에서는 해파리 모양의 로봇을 개발했습니다. 해파리의 다리 4개는 상하좌우로 움직이는 데 사용되고, 2개는 해양 쓰레기를 잡고 수집하는 데 사용됩니다. 호주의 서퍼들은 '씨빈'이라고 하는 바다의 쓰레기통 로봇을 개발했습니다. 씨빈은 모터로 바닷물과 쓰레기들을 모두 빨아들인 뒤 쓰레기와 기름은 모두 망에 걸리게 하고, 깨끗한 바닷물만 다시 바깥으로 내보내도록 합니다.

다양한 기능의 해양 로봇처럼 과학 기술의 발전은 환경 오염의 문제를 해결해 주기도 합니다. 만약 로봇 개발자가 되어 미세먼지 문제를 해결해야 한다면 어떤 로봇을 만들고 싶은가요?

2. 미세먼지 문제를 해결할 다양한 방법을 마인드맵으로 정리해 봅시다.

미세먼지 해결 방법

3. 내가 만들고 싶은 미세먼지 해결 로봇을 그림과 글로 자유롭게 표현해 봅시다.

예

드론에 있는 미세먼지 측정기를 통해 미세먼지가 심한 곳을 찾아 드론 스스로 움직인다.

미세먼지가 심한 곳에서는 미세먼지 흡착 패드가 펼쳐진다.

미세먼지 흡착 패드가 지나가면 패드에 모든 미세먼지가 붙어 수거된다.

미세먼지가 붙은 패드는 세척 후 다시 사용할 수 있다.

교실에서 시작하는 한 걸음

미세먼지를 줄이는 실천 방법을 알아보고, 학급 친구들과 규칙을 만들어 실천해 봅시다

1. 미세먼지를 줄이고 건강을 지키는 실천 방법을 알아봅시다.

❶ 가까운 거리는 걷고 친환경 운전 습관 지키기
❷ 폐기물 배출을 줄여 소각량 줄이기
❸ 겨울철 적정 실내 온도를 유지하고 낭비되는 대기 전력 줄이기
❹ 불법 소각, 배출은 바로 신고하기
❺ 미세먼지가 나쁜 날에도 10분씩 하루 세 번, 조리 후에는 30분 이상 환기하기
❻ 공기 청정기나 환기 시스템의 필터는 미리 점검하기
❼ 외출 후에는 손 씻기, 세수하기, 양치질하기
❽ 미세먼지 매우 나쁜 날에는 격렬한 운동 피하기

출처 : 환경부

2. 나의 생활 태도는 어떠할까요? 체크해 봅시다.

순서	항목	1점	2점	3점	4점	5점
1	물건을 소비할 때 신중하게 생각하고, 사용하는 물건을 아끼고 재사용한다.					
2	나는(또는 우리 가족은) 가까운 거리를 이동할 때 걸어 가거나 대중교통을 이용한다.					
3	우리 학급에서 만드는 항목					
4						

3. 우리 반부터 실천할 수 있는 학급 규칙을 만들어 봅시다.

실천할 일	언제	누구와 함께

4. 깨끗한 하늘을 지키기 위한 사람들의 노력을 알아봅시다.

맑은 공기를 위한 동행
제4회 푸른 하늘의 날
2023. 9. 7. 목

'푸른 하늘의 날'은 지난 2019년 9월 뉴욕에서 개최된 기후행동정상회의에서 우리나라가 제안했습니다.

그해 제74차 유엔총회에서 '푸른 하늘을 위한 국제 맑은 공기의 날' 지정을 채택했고, 우리나라 역시 2020년 부터 법정 기념일로 지정했습니다.

매년 9월 7일에는 대기질 개선을 위해 국민들의 참여를 유도하고자 다양한 행사를 실시하고 있습니다.

단체(사람)	
하는 일	

5. 우리 동네의 실시간 대기 정보는 어떻게 알 수 있을까요? 에어코리아(www.airkorea.or.kr)에 접속하여 우리 동네의 실시간 대기 정보를 알아봅시다.

① 우리 동네 실시간 대기 정보를 적어 봅시다.

---

② 오늘의 미세먼지는 어떤지 적어 봅시다.

---

6. 에어코리아(한국환경공단)는 미세먼지 농도를 알리는 것을 '하랑이'라는 캐릭터로 나타내고 있습니다. 미세먼지가 하나도 없는 맑은 하늘을 '매우 좋음'이라고 나타내려고 합니다. 어울리는 캐릭터를 그려 봅시다.

좋음　　　보통

나쁨　　　매우 나쁨

하랑이

매우 좋음: 미세먼지 없이 하늘이 깨끗

'미세먼지' 문제를 알리는 노래 만들기
노래를 만들어 봅시다

1. '초록색 하루 그리기'를 가사를 생각하며 노래를 불러 봅시다.

초록색 하루 그리기🎵🎶

아침에 눈 뜨면 세숫물 받아 어푸어푸 세수하기
이 닦을 땐 쪼르르 양치 컵에 물 받아서 치카치카 양치질하기
더 깨끗하고 푸른 세상을 위해 작은 것부터 실천해요
내 작은 실천을 모아 모아 깨끗하고 푸른 세상 만들래요
하루를 푸르게 그리는 초록 물감 그게 바로 우리예요
매일매일 그려요. 푸른 세상 맑고 깨끗하게 그려요
학교 갈 땐 내 친구 손을 잡고 수다 떨며 걸어가기
공부할 땐 학용품 아껴 쓰며 누구보다 열심히 공부하기

노래
〈초록색 하루 그리기〉

2. 지구가 아픈 이유를 미세먼지와 관련지어 생각해 보고 노래를 만들어 봅시다. 어떤 가사를 넣으면 좋을까요? 모둠 친구들과 자유롭게 적어 봅시다.

----

3. 작사한 내용을 활용하여 노래를 만들어 봅시다.

Suno 홈페이지

노래 만들기

❶ QR코드를 찍어 작곡 프로그램 'Suno'에 접속합니다. (자신의 계정으로 가입합니다.)

❷ Create를 클릭한 후, 작사한 내용을 입력합니다.

❸ 가사에 어울리는 장르를 고릅니다.

❹ 우리가 만든 노래를 들어 봅시다.

4. 패들렛에 음악을 공유하여 노래를 들어 봅시다. 친구들이 작곡한 음악을 듣고 자신의 생각을 나눠 봅시다.

생태

생태계를 방해해서 미안해

나의 행동이나 말이 내 생각과 다르게 의미가 전달된 적이 있나요?
아마 한 번쯤은 그런 경험이 있을 겁니다. 그럴 때 우리는 오해를 풀기 위해 노력하고, 더 이상
실수를 하지 않으려고 합니다. 하지만 생태계에서는 우리의 순간적인 실수가 위협을 가하고,
되돌릴 수 없는 상황을 만들기도 합니다. 다행히 어떤 경우에는 생각보다 쉽게 해결될 수
있지만, 또 다른 경우에는 도저히 손쓸 수 없는 상황에 이르기도 합니다.
인간도, 동물도, 식물도 모두 생태계를 이루는 하나의 요소입니다. 서로 어우러져 살아가야
합니다. 인간과 생태계가 공존하며, 서로를 해치지 않고 살아가는 방법을 알아봅니다.

이 챕터의 흐름

과학 생태계 교란이란?

과학 국어 생태계 교란 식물

과학 미술 생태계 교란 동물

과학 수중 소음으로 인한 생태계 교란

수학 과학 폐건전지, 폐의약품으로 인한 생태계 교란

국어 미술 생태계 교란 관련 인형극 하기

● 생각 열기
● 탐구하기
● 함께하기

생태계 교란이란?

생태계의 구성 요소를 알아보고 생태계 교란에 대해 생각해 봅시다

✦ **다음 그림을 보고 물음에 답해 봅시다.**

1. 빈칸에 알맞은 단어를 적어 봅시다.

 란 어떤 장소에서 서로 영향을 주고받는
생물과 생물 주변의 환경 전체를 일컬어 말한다.

2. 생물 요소는 먹이를 얻는 방법에 따라 '생산자', '소비자', '분해자'로 나눌 수 있습니다. 세 가지의 용어를 정리해 봅시다.

생산자

소비자

분해자
----

3. 그림에서 각각의 요소를 두 종류씩 찾아 생산자는 'O', 소비자는 'ㅁ', 분해자는 '△'로 표시해 봅시다.

예

4. 생태계와 관련된 만화입니다. 이 만화에서 늑대 무리가 등장하지 않았다면 아래 ❸번과 ❹번의 장면은 어떻게 바뀌었을지 상상하여 그려 봅시다.

❶ 식물이 무성한 섬에 물사슴 무리가 정착했습니다.

❷ 물사슴의 수가 갑자기 늘어나면서 식물의 수가 줄어들었습니다.

❸ 몇 년 뒤 늑대 무리가 나타나 물사슴을 잡아먹기 시작했습니다.

❹ 물사슴의 수가 줄어들고 식물의 수는 늘어났습니다.

3

4

생태계 교란 식물
생태계를 교란시키는 식물에 대해 알아봅시다

1. 사람들이 뿌리째 뽑아버리는 식물들이 있다고? 아래의 글을 읽고 생태계 교란 식물이 어떠한 영향을 미치는지 빈칸에 순서대로 정리해 적어 봅시다.

지난 2023년, 울산 태화강 강변은 생태계 교란종 식물로 꼽히는 환삼덩굴과 단풍잎돼지풀로 뒤덮였습니다. 이 식물들의 강한 번식력으로 급기야 기존 갈대 군락지가 사라졌지요. 이로 인해 갈대 군락지에 둥지를 틀었던 새들과 물고기들도 갈 곳을 잃었습니다. 게다가 꽃가루를 날리며 기관지염과 천식 등을 유발하여 가을철 알러지의 주범으로 꼽히고 있습니다.

환삼덩굴

단풍잎돼지풀

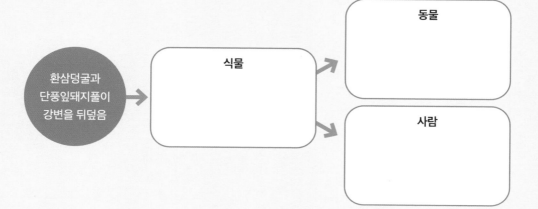

환삼덩굴과 단풍잎돼지풀이 강변을 뒤덮음 → 식물 → 동물 / 사람

2. 다음은 생태계 교란 식물과 그것들로 인한 피해 및 유해성을 나타낸 표입니다. 그중 식물 두 가지를 골라 조사하여 그려 봅시다.

생태계 교란 식물	피해 및 유해성
가시박	• 수변 유역과 도로변 산자락에 급속히 확산 • 덩굴로 덮여 토착 식물 생육 억제, 수변식물 파괴
돼지풀	• 꽃가루 알레르기 유발, 토착 식물 생육 억제
단풍잎돼지풀	• 꽃가루 알레르기 유발, 집단 생육으로 다른 식물의 성장 방해
서양등골나물	• 산림 생태계의 하층에서 자생 식물 생육지 점유
털물참새피, 물참새피	• 농수로에 무성하게 자라 물길을 차단하고 벼의 생육을 방해
도깨비가지	• 목초지에서 잘 자라고 독성이 있어 가축의 섭식 방해 • 인간에게도 독성이 강하며, 심할 경우 사망에 이를 수 있음
애기수영	• 가축이 먹을 경우 배탈 유발 • 많은 종자를 생산하며 초지와 자연 식생 파괴
서양금혼초	• 도로변, 초지, 산지 및 해안을 따라 내륙에서 확산 • 많은 종자를 생산하며 겨울을 제외한 시기에 지속적으로 번식하여 토착 식물 배제
미국쑥부쟁이	• 종자가 날리며 집단 생육하여 토착식물 생육 방해
양미역취	• 농경지, 습지, 산지 토착 식물의 생육 억제와 수변식생 파괴
가시상추	• 도로변, 방조제, 항구, 나대지에 생육 • 제초제에 저항성이 강해 작물 재배지 피해, 가시로 인해 인체에 상해

출처: 환경부

식물 이름

식물 이름

3. 생태계 교란 식물은 어떻게 우리에게 왔을까요? 다음 만화를 읽어 봅시다.

대규모 도로 건설사업 공사에서 외래식물이 급증하게 돼. 외부에서 반입된 토양이 이동하면서 외래 식물 종자가 같이 운반되기 때문이야.

공사가 진행될수록 외래 식물 종수도 증가하게 돼. 인위적으로 사람들이 제거하지 않는 이상 자연에서 도태되지 않아.

사람들이 관상용으로 외래종을 들여오기도 하지. 개인이 소유하다가 자연에 방생하는 경우도 있어.

외래 식물이라고 다 부정적인 영향만 주는 것은 아니야. 고추, 고구마, 양배추, 브로콜리 등은 우리에게 긍정적인 영향을 주지.

4. 생태계 교란 식물 이름을 찾아 색칠해 봅시다.

가	시	박	섬	도	버
시	미	환	초	깨	드
상	나	삼	롱	비	나
추	리	덩	꽃	가	부
갈	대	굴	돼	지	풀
양	미	역	취	딸	기

5. 식물들이 만약 살아 있다면, 생태계 교란 식물들이 하고 싶은 이야기를 상상하여 쪽지를 적어 봅시다.

생태계 교란 동물
생태계를 교란하는 동물에 대해 알아봅시다

✦ **다음 글을 읽고 생태계 교란종에 대해 알아봅시다.**

우리나라로 들어온 외래종이 토종 생물을 포식하거나, 서식지를 파괴하며 생태계 균형을 위협하는 생물을 '생태계 교란종'이라고 합니다.

'괴물쥐' 또는 '늪너구리'라 불리는 뉴트리아는 원래 모피를 얻기 위해 남아메리카에서 들여왔습니다. 하지만 농가에서 사육이 어려워져 방치되자 야생화되면서 생태계 교란을 일으키고 있습니다. 1973년 어류 양식을 위해 우리나라에 유입된 큰입배스는 강한 육식성 어류로 토종 민물고기를 잡아먹어 생태계를 교란하고 있습니다. 미국 원산의 붉은귀거북 역시, 반려동물로 인기가 떨어지지자, 하천이나 연못에 방생되면서 생태계 교란종으로 지정되었습니다. 황소개구리는 원래 식용 목적으로 외국에서 들여왔습니다. 하지만 뱀도 잡아먹을 만큼 식욕이 왕성해 생태계 교란을 심각하게 일으키고 있죠. 이 밖에도 등검은말벌은 중국에서 침입한 악성 외래종으로 토종 꿀벌을 잡아먹고, 블루길은 단백질 공급용으로 수입했으나 토종 선호로 인해 방치되고 있으며, 세계에서 가장 큰 담수 거북인 악어거북 역시 생태계 교란종으로 지정되어 갈수록 생태계가 위협받고 있습니다. 이와 마찬가지로 우리나라 토종어류인 가물치는 미국, 일본에서 생태계를 파괴하고 있습니다.

1. 생태계 교란 동물에 대해 알맞은 내용을 적어 봅시다.

생태계 교란종	우리나라로 유입된 목적 (반려,식용,모피, 관상 등)	생태계 교란 특징
뉴트리아		
큰입배스		
붉은귀거북		
황소개구리		
등검은말벌		

2. 주사위 게임을 통해 생태계 교란 동물에 대해 더 알아봅시다.

>> 출발

+3칸

생태계의 균형을 위협하는 생물을
생태계 교란종이라고 한다.

O, X

한 번
쉬세요

남미 지역에 분포하는 설치류로
늪너구리라 불리는 생태계 교란 동물은?

처음으로

모피용으로
수입되었으나,
농가의 사육 포기로
야생화되면서
생태계 교란을
일으키고 있는
동물은?

+3칸

번식력이 강한 외래종이 우리나라에
들어오면서 생태계가 안정되었다.

O, X

−2칸

생태계 교란종은 천적에 의해
잡아먹히므로 방사해도 괜찮다.

O, X

큰입배스는 강한 육식성 어류로
토종 어류를 잡아먹지만
천적이 있다.

O, X

+2칸

한 번 더

처음으로

−2칸

한 번
쉬세요

꿀벌을 먹어 치우며 생태계 교란을
일으키고 있는 동물은?

040

생태계 교란 동물 주사위 게임으로 도장 깨기!

| -1칸 | 블루길은 단백질 공급용으로 수입했으나, 토종 선호로 인해 방치되고 있다.

〇, ✕ | 반려동물로 국내에서 인기가 높았지만 방생되면서 생태계 교란을 일으키고 있는 동물은?

---------------------- |

| 한 번 쉬세요 | 생태계의 균형을 위협하는

생물은 [   ] 이라고 한다. | 한 번 더 | 등검은말벌은 토종 꿀벌을 지켜 준다.

〇, ✕ |

게임 방법

① 모둠원끼리 가위바위보로 순서를 정한다.
② 이긴 사람이 먼저 주사위를 던져서 나온 수만큼 앞으로 전진한다.
③ 도착한 칸의 과제를 해결한다.
④ 과제를 바르게 해결하면 그 자리에 있을 수 있고, 해결하지 못하면 주사위를 던지기 전 칸으로 돌아간다.
⑤ 먼저 도착한 사람이 이긴다.
⑥ 게임이 빨리 끝났을 경우, 게임 종료 시간까지 다시 승부를 겨룬다.

| 식용 목적으로 해외에서 수입해 들여온 황소개구리는 뱀에게 잡아먹힌다.

〇, ✕ | 중국에 사는 등검은말벌은 우리나라로 오는 화물에 잘못 실려 와 인위적으로 유입되었다.

〇, ✕ | 처음으로 |

| 세계에서 가장 큰 담수 거북으로 알려진 생태계 교란종은?

---------------------- | 생태계 교란종은 우리나라 토종 서식지의 균형을 무너뜨리고 있다.

〇, ✕ | 큰입배스는 1973년 관상 목적으로 들여왔다.

〇, ✕ | 가물치는 미국, 일본에서 생태계 균형을 유지하고 있다.

〇, ✕ |

| +3칸 | 남미가 원산지이며 '괴물쥐'라 불리는 생태계 교란 동물은?

---------------------- | >> 도착! |

3. 생태계를 지키기 위해 생태계 교란 동물 수배 전단지를 제작한 후 패들렛에 올려 봅시다. (미리캔버스-카드 뉴스 만들기 탭을 이용하세요.)

4. 패들렛에 공유된 생태계 교란 동물 수배 전단지를 감상한 뒤, 그에 대한 느낌이나 생각을 댓글로 남겨 봅시다.

내가 남긴
댓글

친구가 남긴
댓글

수중 소음으로 인한 생태계 교란
수중 소음으로 생기는 생태계 교란에 대해 알아봅시다

1. 지금부터 2분 동안 아주 조용한 상태에서 아래 10개의 단어를 외운 후, 뒷장에 있는 3번 문항에 적어 봅시다.

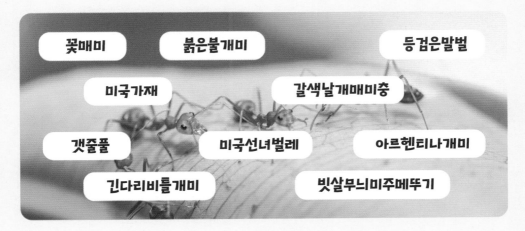

꽃매미   붉은불개미   등검은말벌
미국가재   갈색날개매미충
갯줄풀   미국선녀벌레   아르헨티나개미
긴다리비틀개미   빗살무늬미주메뚜기

2. 지금부터 2분 동안 아주 시끄러운 음악을 들으며 아래 10개의 단어를 외운 후, 뒷장에 있는 4번 문항에 적어 봅시다.

돼지풀   단풍잎돼지풀   서양등골나물
털물참새피   물참새피
도깨비가지   애기수영   가시박
서양금혼초   미국쑥부쟁이

3. 조용한 상태에서 외운 10개의 단어를 기억나는 대로 적어 봅시다.

---

4. 시끄러운 상태에서 외운 10개의 단어를 기억나는 대로 적어 봅시다.

---

5. 위의 두 경우에서 각각 정확하게 외운 개수를 확인해 봅시다. 언제 더 잘 외워졌나요? 그 이유를 적어 봅시다.

3번 [개]   4번 [개]

더 잘 외워진 이유

✦ **다음 QR코드를 찍어 돌고래와 관련된 뉴스 영상을 보고 물음에 알맞은 답을 찾아 적어 봅시다.**

소음 공해로
소리를 높이는
돌고래

6. 영상 속에서 돌고래의 의사소통 및 짝짓기 등을 방해하는 요소가 무엇인지 적어 봅시다.

----

7. 돌고래의 일상을 방해한 주범은 인간이라고 할 수 있을지 ○와 ✕ 중 하나에 ○ 표시를 해봅시다.

8. 기술 발전과 동물 보호, 이 두 가지 중 한 가지를 꼭 선택해야 한다고 했을 때, 각각 좋은 점과 안 좋은 점을 적어 봅시다.

기술 발전		동물 보호	
좋은 점		좋은 점	
안 좋은 점		안 좋은 점	

9. 인간이 돌고래의 일상이 힘들어진 것을 알고, 이를 해결하기 위해 대표적으로 어떤 노력을 했는지 찾아 적어 봅시다.

10. 인간이 돌고래에게 전하는 마음을 담아 시를 적어 봅시다.

❶ 앞의 활동을 하면서, 인간이 돌고래에게 느끼는 감정을 두 가지 적어 봅시다.

❷ 돌고래에게 전하는 마음을 시로 표현하고, 시의 느낌을 더 살릴 수 있도록 그림도 그려 봅시다.

폐건전지, 폐의약품으로 인한 생태계 교란
잘못된 폐건전지, 폐의약품의 처리로 인한 생태계 교란을 알아봅시다

1. 언제 마지막으로 약을 먹었고, 건전지를 사용했는지 이야기해 봅시다.

---

2. 유용하게 사용하고 다 쓴 건전지와 약품을 어떻게 처리할까요? 우리 반 친구들은 폐건전지 또는 폐의약품을 어떻게 처리하는지 조사하고 막대그래프로 표현해 봅시다.

3. 다음 원그래프를 보고 알 수 있는 내용을 세 가지로 정리해 봅시다.

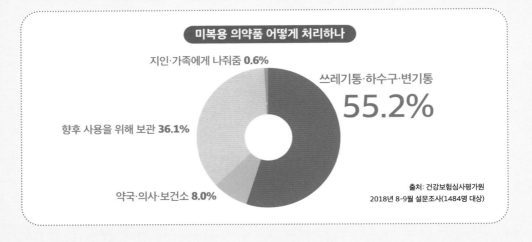

미복용 의약품 어떻게 처리하나

지인·가족에게 나눠줌 **0.6%**

쓰레기통·하수구·변기통
55.2%

향후 사용을 위해 보관 **36.1%**

약국·의사·보건소 **8.0%**

출처: 건강보험심사평가원
2018년 8-9월 설문조사(1484명 대상)

---

4. 버려진 폐건전지와 폐의약품은 생태계에 어떤 영향을 줄까요? 다음 글을 읽어 봅시다.

우리가 무심코 버리는 폐건전지와 폐의약품이 동물과 식물들에게 엄청난 영향을 끼친다는 사실을 아시나요?

해외의 경우, 강에서 서식하는 물고기 10마리 중 2마리의 물고기가 암컷과 수컷의 성질을 모두 가진 것을 조사를 통해 발견하였습니다. 이로 인해 수컷이 알을 낳는 경우도 생겼습니다. 원인은 강으로 흘러 들어간 항우울제와 피임약과 같은 폐의약품 때문이었습니다.

우리나라에서도 2020년에 낙동강에서 뇌전증 환자들의 치료제로 쓰이는 의약물질이 검출되었습니다. 이 의약물질은 정수장 염소 처리 과정에서 독성을 띨 수 있는 부산물을 배출할 가능성이 있습니다.

건전지에는 납, 아연, 수은 등 환경에 해로운 중금속 물질들이 함유되어 있습니다. 건전지가 일반 쓰레기로 버려져 땅속에 매립되면 땅과 함께 지하수를 오염시키고, 오염된 지하수는 하천으로 흘러들어가면서 수질을 오염시킵니다.

이렇게 독성으로 오염된 환경은 식물과 동물에게 치명적인 영향을 줍니다. 결국 우리에게 이로운 도움을 주는 건전지와 약품들을 제대로 버리지 않는다면 생태계에는 독이 됩니다.

5. 버려진 폐건전지와 폐의약품이 생태계에 미치는 영향을 그림으로 표현해 봅시다.

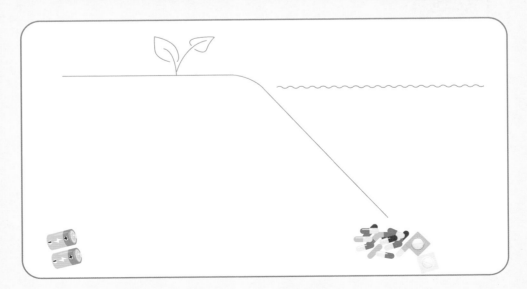

6. 폐건전지와 폐의약품을 올바르게 처리하는 방법을 조사하여 정리해 봅시다.

폐건전지 처리 방법

폐의약품 처리 방법

생태계 교란 관련 인형극 하기

인형극을 구상하고, 발표해 봅시다

1. 생태계 교란을 주제로 인형극을 구상해 봅시다.

인물 등장하는 주인공은 누구인가요?	배경 주인공이 등장하는 장소는 어디인가요? 이야기의 흐름에 따라 장소는 어떻게 바뀌나요?
중요한 장면을 적어 봅시다. ❶ --------------------------------- ❷ --------------------------------- ❸ --------------------------------- ❹ --------------------------------- ---------------------------------	장면별로 중요한 대사를 적어 봅시다. ❶ --------------------------------- ❷ --------------------------------- ❸ --------------------------------- ❹ --------------------------------- ---------------------------------

장면 ❶

등장인물 ----------------------------------

상황 ----------------------------------

장면 ❷

등장인물 ----------------------------------

상황 ----------------------------------

장면 ❸

등장인물 ----------------------------------

상황 ----------------------------------

장면 ❹

등장인물 ----------------------------------

상황 ----------------------------------

글, 그림 등의 방법을 활용하여 수업에서 배운 내용을 정리해 봅니다.

사라진 독도를 찾아서

우리 반에서 학생들끼리 문제가 생기면 어떻게 하나요? 선생님께 말씀드리고 해결을
바라든가, 학급다모임(학급회의)을 통해 친구들의 의견을 묻고 이야기하며 문제를 해결해
나갈 거예요. 그렇다면 국가에서 국민끼리 문제가 생기면 어떻게 할까요? 대화를 통해
해결하거나, 법원에서 판결이 나오기를 기다릴 거예요. 그럼, 국가 간에 문제가 생기면
어떻게 할까요? 협정을 맺는 등 외교를 통해 문제를 해결하려고 합니다. 하지만 일방적인
주장을 하며, 끊임없이 갈등을 일으키는 경우도 있는데요. 바로 '독도'가 그렇습니다. 일본의
부당한 영유권 주장에 대한 것들을 우리가 책 속에서 해결해 봅시다.

독도가 사라졌어요!
구글 지도상의 독도 표기와 관련하여 살펴봅시다

✦ **구글 지도에서 독도가 사라졌어요!**

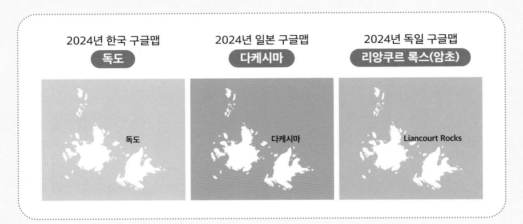

1. 위의 구글 지도에서 확인한 것과 같이 '독도'의 명칭이 '암초'로 표기되어 있는
   이유는 무엇이라고 생각하는지 적어 봅시다.

출처: 다큐멘터리
'독도 데이터 전쟁',
〈MBC〉, 2023.10.24

2. 다음 신문 기사를 읽고, 구글 지도에서 확인한 것처럼 '독도'의 명칭이 바뀌고, 현재는 암초로 표기되어 있는 이유를 알아봅시다.

당시 26개국 구글 맵스에서 독도가 '리앙쿠르 암초'(Liancourt Rocks)로 표기됐고, 한국 내에서만 '독도'로 정확히 표기됐다. 일본 내 검색에서는 '다케시마'로 나왔다. '리앙쿠르 암초'는 독도를 발견한 프랑스 포경선의 이름을 딴 것으로, 한국의 독도 영유권을 부정하는 의미에서 일본 정부가 퍼뜨리는 용어이다.

이에 대해 서 교수는 "독도가 '리앙쿠르 암초'로 표기된 것을 '독도'(Dokdo)로 바꾸기 위해 지난 3년간 꾸준히 구글 측에 항의를 해 왔지만, 아직 수정되진 않았다"며 "하루에 수십억 명이 검색하고 이용하는 구글과 애플에서 독도 표기가 잘못 나오고 아예 표기가 되지 않는다는 건 큰 문제"라고 지적했다.

출처: 22개국 아이폰 지도에 '독도' 없다, 〈경기신문〉, 2022. 08. 25

① 일본이 한국의 독도 영유권을 부정하는 이유를 조사하여 적어 봅시다.

_____

_____

3. 사라진 독도를 찾아 떠나 봅시다.

이럴 수가! 내가 일본에 가서 수차례 독도가 우리 땅임을 소리 높여 이야기했건만! '구글 지도', '애플 지도'에서 독도가 일본에선 '다케시마', 다른 나라에선 '암초'로 표기되고, 심지어 미국 국방부는 동해를 'Sea of Japan'이 공식 표기가 맞다는 발표까지! 정말 충격적이야. 친구들! 내가 보물 지도 4개를 가져왔어. 우리 함께 독도를 찾아 떠나 볼래?

일본 영역도에서 독도를 찾아라!
일본 영역도를 자세히 살펴봅시다

1. 안용복 장군은 누구일까요? 독도를 지킨 안용복 장군을 조사해 봅시다.

내가 누구냐고?
이쯤에서 내 소개를
한번 해볼게.

이름 ------------------------------------

시대 ------------------------------------

직업 ------------------------------------

한 일 ------------------------------------

첫 번째 지도는
일본 영역도야. 이 지도는 일본
마이니치 신문사에서 만든 것이지.
그럼, 이 지도에 대해 알아볼까?

2. ▶인터넷 검색 🔍 을 통해 지도와 관련 내용을 찾아봅시다. 내용을 찾아본 뒤, 빈칸
에 알맞은 단어를 써 넣어 내용을 완성해 봅시다.

   1951년 미국 샌프란시스코에서 열린 연합군과 일본의 _____ 체결 후, 이
를 명확히 알리기 위해 _____ 해설서를 발행하게 되었습니
다. 이에 해설서를 더욱 확실하게 설명하기 위해 부속 자료를 개발하였는데, 이때
개발된 자료 중 한 가지입니다. 이 지도에는 독도를 일본 국경선 밖에 위치하고 있
습니다.

3. 위의 내용을 토대로, 일본의 국경선을 지도에 그려 봅시다.

지도 퍼즐에 숨겨진 독도
한국 전도를 자세히 살펴봅시다

1. 부록 활동지에 있는 지도 퍼즐을 맞추고 완성한 지도를 사진 찍어 인터넷에서 검색해 봅시다.

두 번째 지도는 바로 한국 전도야.
일본에서 만든 한국 전도지. 퍼즐을 맞춰 보았지?
독도를 찾아 표시해 볼까?
우리 한국 전도에 대해 좀 더 자세히 알아보자!

2. 지도 퍼즐을 맞춘 후 '스마트 렌즈'로 지도를 ▶인터넷 검색 🔍 해
보고 지도에 대하여 자세히 적어 봅시다.

❶ 지도 이름 ---

❷ 지도가 제작된 시기(년도) ----------------------------

❸ 지도를 제작한 사람(나라) ----------------------------

❹ 지도에 담긴 내용 ----------------------------------

----

3. '한국 전도'를 홍보하는 카드 뉴스를 만들어 봅시다.

독도야, 퀴즈랑 놀자!
신찬 조선국전도를 자세히 살펴봅시다

> 나와라 펑! 드디어 세 번째 지도를 너희들에게 알려 주려고 해.
> 세 번째 지도는 바로 신찬조선국전도야. 이게 무슨 지도냐고?
> 내가 7개의 퀴즈를 가져왔어.
> 퀴즈를 풀며 신찬 조선국전도에 대해 알아볼까?

신찬 조선국전도는 ❶ ●●●●년에 만들어졌습니다.
2024년을 기준으로 ❷ ●●●●라고 불리는 나라의 지도를 그렸습니다.
❷ ●●●●의 영역을 나타내기 위해 영토는 ❸ ●●색으로, 영해는 ❹ ●●색
으로 채색하였습니다.
반면 해당 영역이 아닌 일본이나 중국의 영토는 ❺ ●색으로 채색하였습니다.
울릉도와 독도가 지도에 표기되어 있습니다. 울릉도를 ❻ ●●라는 이름으로 표
기하고, 독도를 ❼ ●●라는 이름으로 표기하였습니다.

1. ▶인터넷 검색 🔍 을 통해 신찬 조선국전도의 모습을 확인하고, 빈칸에 들어갈 단어
   를 적어 봅시다.

❶ ------------------------------ ❺ ------------------------------

❷ ------------------------------ ❻ ------------------------------

❸ ------------------------------ ❼ ------------------------------

❹ ------------------------------

2. 신찬 조선국전도에서 울릉도와 독도를 찾아 ○ 표시를 해 봅시다.

3. 울릉도와 독도는 어떤 색깔로 채색됐는지 적어 봅시다.

----

4. 울릉도와 독도의 색이 의미하는 것이 무 엇인지 적어 봅시다.

----

3. 앞의 활동을 하면서 느낀 점 과 생각을 담아 독도를 그려 봅시다.

암호문을 해독하라!

암호를 풀어 지도를 찾고, 독도를 찾아봅시다

이제 마지막
네 번째 지도야!
이 지도는 아래 암호를 풀어야
알 수 있다고!ㅎㅎㅎ

1. 아래의 문제를 풀어 빈칸에 들어갈 암호를 맞혀 봅시다.

① 임진왜란을 앞두고 일본에서 도요토미 히데요시가 ○○의 지도를 만든 것입니다. ○○에 들어갈 알맞은 나라의 이름을 적어 봅시다. (힌트! 태조 이성계가 세운 나라입니다.)

② '國'의 발음을 적어 봅시다.

③ 다음은 〈독도는 우리 땅〉 노래 가사의 일부입니다. 빈칸에 들어갈 말이 무엇인지 적어 봅시다.

울릉도 동남쪽 뱃길따라 87K	경상북도 울릉군 울릉읍 독도리
외로운 섬 하나 새들의 고향	동경 132 북위 37
그 누가 아무리	평균기온 13도 강수량은 1800
자기네 땅이라 우겨도 독도는 우리 땅	독도는 우리 땅

오징어 꼴뚜기 대구 홍합 따개비
주민등록 최종덕 이장 김성도
19만 평방미터 799에 805
독도는 우리 땅
지증왕 13년 섬나라 우산국
세종실록○○지 강원도 울진현

하와이는 미국 땅 대마도는 조선 땅
독도는 우리 땅
러일전쟁 직후에 임자 없는 섬이라고
억지로 우기면 정말 곤란해
신라 장군 이사부 지하에서 웃는다
독도는 우리 땅

 → ◯ ◯

④ 암호를 맞춰 봅시다.

 ◯ ◯ ◯ ◯ ◯ ◯

2. 조선국지리도에서 독도가 어디에 표기되어 있는지 찾아봅시다.

이 지도는 울릉도와 독도를 우리식 명칭으로 표기한 최초의 일본 고지도입니다. 1592년, 도요토미 히데요시가 임진왜란을 앞두고 조선을 침략하기 위해 제작한 것으로 알려져 있습니다. 현재 발견된 일본의 고지도 중 울릉도와 독도를 우리식 명칭으로 표기한 최초의 지도로, 독도는 과거의 지명인 '우산도'로 표기되어 있습니다.

3. 지도를 만든 도요토미 히데요시와 가상 인터뷰를 해 봅시다.

안장군: 도요토미 히데요시 씨, 타임머신을 타고 당신을 만나러 왔습니다.

도요토미 히데요시: 예.

안장군: 당신은 조선국지리도를 만든 사실이 있습니까?

도요토미 히데요시: (고개를 끄덕이며) 그렇습니다.

안장군: 이 지도를 왜 만들었는지 이야기해 주시기 바랍니다.

도요토미 히데요시: --

안장군: 이 지도는 언제 만든 것입니까?

도요토미 히데요시: --

안장군: 이 지도에 독도는 어떻게 표기되어 있나요?

도요토미 히데요시: --

독도를 더 자세히 알고 싶다면?
독도를 체험해 봐!

독도체험관으로 GO!GO!

독도체험관은 서울시 영등포구에 자리 잡고 있습니다. 이곳은 독도의 역사와 함께 현재, 미래 그리고 독도의 아름다운 자연을 전시를 통해 만날 수 있습니다. 독도를 좀 더 가깝고, 깊게

독도체험관 누리집

만나 볼 수 있도록 다양한 체험 및 교육 프로그램을 진행하고 있으며, 관람 및 체험은 무료입니다. 직접 방문이 어렵다면 누리집을 통해서 독도에 대한 다양한 자료를 살펴볼 수 있습니다.

메타버스로 독도를 체험해요!

이곳을 그대로 옮겨 놓은 메타버스 독도체험관은 어떨까요? 메타버스 독도체험관에서는 안용복과 이사부를 나의 캐릭터로 체험할 수 있습니다. 역사관, 현재관, 자연관, 미래관,

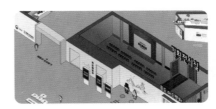

메타버스 ZEP
독도 체험관

미니 게임존, 독도 어드벤처 등 다양한 맵과 함께 퀴즈도 풀며 재미있게 독도를 체험할 수 있습니다.

3차원 가상 체험으로 독도 만나기

유튜브에서 독도의 육상과 해저를 3차원 가상 체험을 할 수 있습니다. 해양수산부에서 제작한 독도 가상 체험은 화면을 직접 움직이며 독도의 곳곳을 상세히 살펴볼 수 있습니다.

독도 3차원
가상 체험 360 VR

'독도는 우리 땅' 영상 촬영하기
독도는 우리 땅임을 알리는 립덥 원테이크 영상을 만들어 봅시다

1. 독도는 우리 땅임을 알리는 립덥 원테이크 영상을 만들어 봅시다.

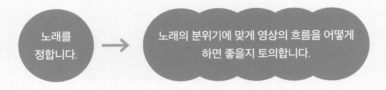

노래를 정합니다. → 노래의 분위기에 맞게 영상의 흐름을 어떻게 하면 좋을지 토의합니다.

립덥 원테이크 영상이란?

립덥이란 립싱크와 더빙이 합쳐진 용어로 특정 곡의 음악에 맞춰 립싱크를 하며 퍼포먼스를 진행하는 형식으로 한 번에 촬영한 영상입니다. 대개는 한 장면에서 여러 사람이 연속으로 등장하거나 장소를 이동하며 이어 가는 식으로 연출됩니다.

립덥 영상 예시

노래의 파트를 나누고, 촬영할 장소(구역)를 순서대로 정합니다. 아래의 칸은 노래에 맞게 활용합니다. 장소(구역)가 많을 경우 더 추가하여 적어 봅니다.

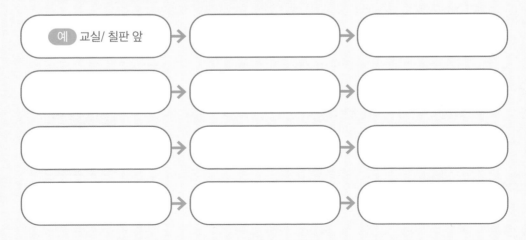

예 교실/ 칠판 앞 →

2. 내가 맡은 부분의 영상 촬영 계획을 세워 봅시다.

> 가사

> 장소

> 소품

> 동작

3. 친구들과 리허설을 해 봅시다. 리허설 후 보완할 점은 무엇일지 이야기 나눠 봅시다. 보완할 점에 유의하며 음악에 맞춰 립덥 영상을 제작해 봅시다.

4. 우리가 만든 영상을 시청한 후, 영상을 본 나의 소감을 적어 봅시다.

독도를 알리는 글쓰기

독도 빙고 게임을 하고, 독도를 알리는 글을 적어 봅시다

1. 아래에 독도와 관련된 16개의 단어가 있습니다. 단어를 살펴보고 잘 모르는 것은 조사하여 함께 알아봅시다.

독도의 날	독도 수비대	동해	울릉군
강치	동도	10월 25일	화산섬
독도랑	89개의 바위섬	경상북도	안용복
아라	독도 나래	촛대 바위	서도

2. 위의 단어를 빙고판에 자유롭게 적어, 친구들과 빙고 놀이를 해 봅시다.

독도 빙고 게임하기

3. 10월 25일은 독도의 날 입니다. 1900년 10월 25일 고종 황제가 대한제국 칙령 제41호를 통해 독도를 울릉도 부속 섬으로 공포한 것을 기념하고, 독도가 대한민국 영토임을 널리 알리기 위해 지정한 날입니다. 우리는 독도의 날을 기념하며 독도를 알리는 글을 적어 봅시다.

TIP

독도의 아름다운 자연환경과 서식하는 주요 생물들을 알아보고 그려 봅시다. 빙고 게임 단어들을 연결하여 독도를 알리는 글을 적어 봅시다.

누구나 건강한 세상을 만들어요

사람들은 행복을 결정짓는 1순위로 '건강'을 생각합니다. 행복에 관한 다양한 조사를 살펴봐도 알 수 있습니다. 그렇다면 '건강한 삶'은 개인의 노력만으로 가능할까요? 나 혼자만의 노력으로, 때로는 가족이 힘을 모아도 해결이 어려운 것이 '건강'입니다. 건강은 내가 사는 곳에 따라, 생활 수준에 따라 차이가 발생합니다. 즉 경제, 환경, 사회계층에 따라 건강 상태에 차이가 있다는 의미입니다. 평등을 말하는 세상인데, 참 불공평하죠? 이런 건강 불평등 문제를 해결하고, 누구나 공평하게 평생 건강을 누릴 수 있는 사회를 만들기 위한 방법은 무엇이 있는지 알아봅니다.

돌잔치와 환갑잔치는 왜 할까?

건강하게 살기 위해 필요한 게 무엇일지 생각해 봅시다

1. 아래의 물음에 답해 봅시다.

　　돌잡이라는 말을 들어 본 적이 있나요? 우리나라는 예로부터 아기의 첫 생일에 돌잔치를 하며 건강하게 자란 아이를 가족들이 함께 축하합니다. 그리고 돌잔치에서 아기가 처음 집는 물건으로 장래를 점치기도 하는 돌잡이를 합니다. 그럼, 돌잡이의 각 물건들은 어떤 의미를 갖고 있을까요? 상상하여 써 봅시다. 돌잡이로 보는 아기의 미래는?

붓을 선택한 당신! 미래의 --

실을 선택한 당신! 미래의 --

오색방지를 선택한 당신! 미래의 --------------------------------------

반짇고리를 선택한 당신! 미래의 --------------------------------------

마패를 선택한 당신! 미래의 --

엽전을 선택한 당신! 미래의 --

내가 아기일 때, 돌잔치에서 돌잡이로 무엇을 잡았을까요? 여러분은 어떤 물건을 고르고 싶나요?
부모님께 여쭤 보고 이야기 나눠 봅시다.

2. 다음 그래프를 보고 물음에 답해 봅시다.

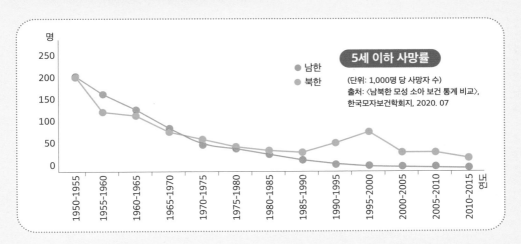

① 우리나라 5세 이하 영유아 사망률 그래프를 보고 왜 옛날부터 돌잔치를 하며 첫 생일을 축하했는지 자신의 생각을 적어 봅시다.

----

② 북한 5세 이하 영유아 사망률 그래프를 보고 우리나라와 비교했을 때 어떠한지 자신의 생각을 적어 봅시다.

----

3. 다음 글을 읽고, 물음에 답해 봅시다.

요새 누가 환갑잔치를 하나요?

옛날에는 60세를 기념하여 크게 잔치를 벌였는데, 이를 '환갑잔치'라고 합니다. 가족과 친지 등이 한자리에 모여 장수의 본보기로 여기고 동네가 떠들썩하게 치렀습니다. 지금은 평균수명이 높아져 '100세 시대'라고 말합니다. 옛날에는 60세를 장수라 생각해, 환갑잔치를 했다면 요즘에는 다른 의미로 환갑을 기념합니다.

'인생은 60세부터', '인생 2막의 시작'이라는 문구들이 요즘 환갑의 트렌드라고 합니다. 새로운 삶의 전환점이자 시작이라고 보는 것입니다. 환갑에도 건강하게 살고 있는 사람들이 많아 환갑 기념 여행을 많이 가기도 합니다.

평균 기대수명 추이

1970: 62.27
1980: 66.15
1990: 71.66
2000: 76.01
2010: 80.24
2022년: 82.74

출처: 통계청

인생은 60부터!

① 건강은 우리 삶에 어떤 영향을 미치는지 적어 봅시다.

② 과거와 지금, 환갑잔치의 의미가 달라진 이유를 적어 봅시다.

자연재해와 분쟁으로 심해지는 전염병

분쟁과 관련된 그림 작품을 감상해 봅시다

✦ 아래 작품은 프란시스코 데 고야의 〈1808년 5월3일〉과 케테 콜비츠의 〈부모〉입니다. 설명을 읽고 물음에 답해 봅시다.

프란시스코 데 고야의 〈1808년 5월 3일〉은 에스파냐(스페인) 국민들의 항쟁을 프랑스 군인들이 진압하는 장면을 나타낸 것입니다. 당시 에스파냐는 전쟁으로 침략해 온 프랑스 때문에 큰 피해를 본 상태였습니다. 고야는 이러한 역사의 한 부분을 그림으로 나타내야겠다고 생각했으며, 잔인하고 끔찍했던 그날을 강조하고자, 사건이 일어난 날짜를 제목으로 정한 것입니다.

케테 콜비츠라의 〈부모〉라는 작품입니다. 콜비츠의 실제 아들이 군인으로 참전했다가 두 달 만에 사망하게 됩니다. 이 소식을 들은 그녀는 절망에 빠졌고, 그 아픔을 작품에 담기 시작하면서 이러한 작품이 탄생했다고 합니다. 전쟁으로 자식을 잃은 부모의 탄식과 상실감이 느껴지지 않나요?

1. 그림 속 폭격의 잔혹함을 나타낸 부분을 작품별로 각각 한 가지를 찾아 O 표시하고, 간단히 그 내용을 적어 봅시다.

❶ ---

❷ ---

2. 우리가 알고 있는 전쟁의 피해는 어떤 것들이 있을지 브레인스토밍 해 봅시다.

3. 전쟁이 주는 피해 중에서 '건강'을 해치는 것은 무엇이 있을지 적어 봅시다.

----

4. 전염병 '스페인 독감'에 관한 영상을 시작되는 부분부터 8분 3초까지 시청한 후, 아래의 물음에 답해 봅시다.

20세기 최악의 전염병
스페인 독감

① 스페인 독감은 무엇 때문에 크게 유행하게 되었는지 적어 봅시다.

----

② 스페인 독감에 걸린 유명한 화가 두 명은 누구인지 적어 봅시다.

----

③ 제1차 세계 대전의 직접적인 영향을 받지 않은 우리나라는 스페인 독감으로부터 안전했는지 확인해 봅시다.

----

6. 페스트(흑사병)에 관한 영상을 6분 24초까지 시청한 후, 왜
   이 질환이 확산되었는지 자세히 적어 봅시다.

유럽 인구 1/3을 죽인
페스트

7. 여러분은 전염병에 걸려본 적이 있나요? 우리나라 학생들이 종종 감염되는 질병
   에는 결핵, 수두, 홍역, 백일해, 수족구병 등이 있습니다. 내가 전염병에 걸렸을
   때, 어떻게 조치하고 행동했는지 적어 보고, 만약 내가 걸린 적이 없다면 주변의
   다른 가족이나 친구가 걸렸을 때 어떻게 행동했는지 적어 봅시다.

8. 화가, 뭉크 따라잡기! 페스트(흑사병)에 대한 내용을 앞에서 살펴보았습니다. 아래 작품은 중세 유럽 시대 흑사병의 참혹함을 표현한 그림입니다. 병이 확산되었을때 당시의 사람들은 어떤 마음이었을까요? 두 그림을 살펴보고 자신의 생각과 느낌을 담아 뭉크의 절규를 새로운 작품으로 나타내 봅시다. 표정을 자세히 그리고 다양한 색으로 채색해 봅시다. (부록 활동지를 활용합니다.)

니콜라 푸생의 〈아슈도드의 흑사병〉

에드바르트 뭉크의 〈절규〉

영유아 사망률이 여전히 높대요!
영유아의 사망률과 주요국의 기대 수명에 대해 알아봅시다

---

1. 열악한 생활 환경으로 고통받고 있는 아프리카 지역의 모습을 QR코드를 찍어 시청한 후, 물음에 답해 봅시다.

먹을 것이 없어 굶고 있는 엄마와 아기들

먹을 것도, 의료진도 부족해 태어나자마자 죽어가는 아기들

① 아이들이 어떤 어려운 상황에 처해 있는지 적어 봅시다.

----

② 아이들이 건강에 위협을 받고 있는 이유는 무엇인지 적어 봅시다.

----

③ 아이들이 건강한 삶을 살기 위해 가장 필요한 것은 무엇일지 생각해 봅시다.

----

④ 영상을 통해 아프리카 지역에 사는 친구들을 보면서 느낀 점을 적어 봅시다.

----

⑤ 열악한 생활 환경으로 고통받고 있는 친구들에게 해 주고 싶은 말을 적어 봅시다.

----

2. 다음 그래프를 보고 물음에 답해 봅시다.

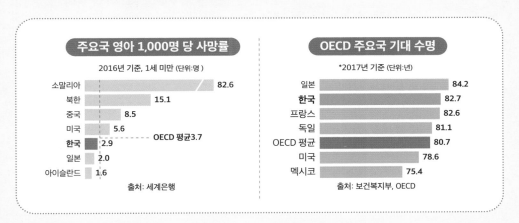

주요국 영아 1,000명 당 사망률

2016년 기준, 1세 미만 (단위:명)

나라	사망률
소말리아	82.6
북한	15.1
중국	8.5
미국	5.6
한국	2.9
일본	2.0
아이슬란드	1.6

OECD 평균 3.7

출처: 세계은행

OECD 주요국 기대 수명

*2017년 기준 (단위:년)

나라	기대 수명
일본	84.2
한국	82.7
프랑스	82.6
독일	81.1
OECD 평균	80.7
미국	78.6
멕시코	75.4

출처: 보건복지부, OECD

① 소말리아 영아 사망률은 한국 영아 사망률의 약 몇 배인지 구해 봅시다.(소수 둘째 자리에서 반올림)

----

② 북한 영유아 수는 약 33만 명 입니다. 5세 이전에 사망하는 영유아는 약 몇 명인지 적어 봅시다.

식 --

답 --

③ 세계 영유아 사망률과 OECD 주요국 기대 수명을 나타낸 그래프를 보고 알 수 있는 사실을 적어 봅시다.

----

④ 한국, 일본 등 기대 수명이 높은 나라들이 영유아 사망률이 낮은 이유를 적어 봅시다.

더 알아
볼까요?

세계 영유아 사망률 역대 최저…그래도 매일 1만5000명 하늘로

2016년 세계 영유아 사망률이 역대 최저 수준을 기록했지만, 여전히 하루 평균 7000여 명의 신생아가 생후 1개월을 넘기지 못하고 세상을 떠난 것으로 나타났다. 유엔아동기금 (UNCEF.유니세프), 세계보건기구(WHO) 등이 펴낸 '영아 사망 수준과 경향 보고서 2017'에 따르면 지난해 전세계 5세 미만 영유아 사망자 수는 560만명으로 하루 평균 1만5000여 명의 영아가 사망한 셈이다. 5세 미만 영아 사망률이 가장 높은 나라는 소말리아로, 지난해 1000명당 133명이 사망했다. 5세 미만 영유아 사망자의 30%는 폐렴, 설사, 말라리아 등으로 숨졌고 조산, 신생아 패혈증 등도 주요 사망 요인이었다고 설명했다.

출처: 세계 영유아 사망률 역대 최저…그래도 매일 1만5천명 하늘로,〈연합뉴스〉, 2017. 10. 19

3. 다음 글을 읽고 세계 예방접종 주간을 생각하며, 예방접종에 대한 관심을 높이기 위해 '나만의 예방접종 반창고'를 만들어 봅시다.

세계 예방접종 주간

　　매년 4월 마지막 주는 세계보건기구(WHO)가 정한 세계 예방접종 주간입니다. 이 기간 동안 우리나라를 비롯한 세계보건기구 회원국은 지난 2011년부터 예방 접종률 향상과 감염병 퇴치를 기여하기 위해 캠페인을 진행하고 있습니다. 2024년은 세계보건기구가 지역, 사회, 경제적 지위에 관계없이 모든 어린이에게 공평한 백신 접근을 보장하기 위한 노력, 예방접종 확대 프로그램(EPI)을 시작한 지 50주년이 되는 의미있는 해이기도 합니다.

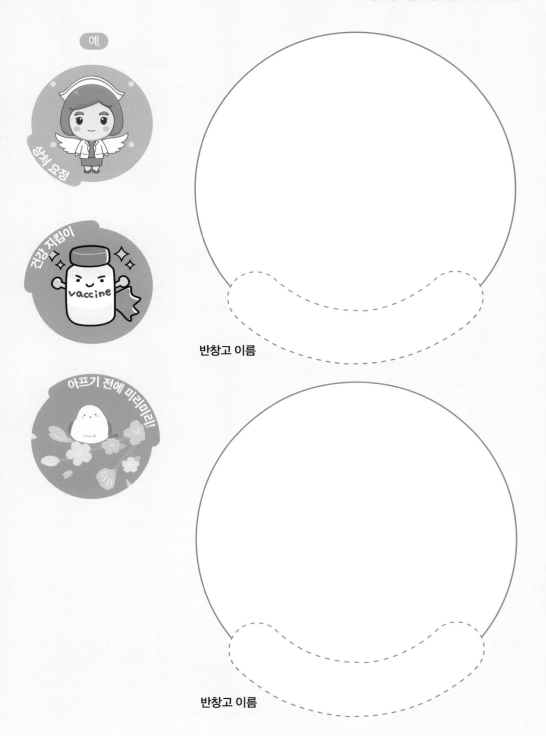

예

상처 요정

건강 지킴이

vaccine

아프기 전에 미리미리!

반창고 이름

반창고 이름

다른 나라는 어떤 의료 복지를 제공할까요?
자료를 찾고 조사한 내용을 정리해 봅시다

1. 다음 글을 읽고, 복지 및 의료 복지의 중요성에 대해 알아본 후, 부록 활동지에 실린 다른 나라의 의료 복지에 대해 읽고, 내용을 정리해 봅시다.

　　복지란 국민 누구나 건강하고 행복하게 살 수 있도록 도와주는 사회적인 제도, 정책을 말합니다. 많은 나라들은 돈이 없어 병원에 가지 못하는 사람을 돕거나, 집이 없는 사람에게 집을 제공하거나, 더 이상 일을 하지 못하는 노인에게 경제적인 도움을 주는 등 기본적인 생활이 보장될 수 있도록 복지 제도를 마련해 운영하고 있습니다. 그 가운데 국민의 건강과 직결되는 의료 복지가 있습니다. 의료 시스템이 잘 갖추어져 있으면, 병에 걸리거나 다쳤을 때 걱정 없이 치료를 받을 수 있습니다. 또한 몸이 불편한 이들은 방문 진료 같은 의료 서비스를 제공받기도 합니다. 이러한 제도는 국민이 건강하고 행복하게 살 수 있는 기본적인 권리를 지켜 줄 뿐만 아니라 건강한 사회를 만들어 가는 데에 중요한 역할을 합니다.

부록 활동지에 의료 복지가 소개된 나라들

캐나다 의료 복지

스웨덴 의료 복지

호주 의료 복지

대만 의료 복지

① 내가 고른 나라의 위치를 찾아 화살표로 표시해 봅시다.

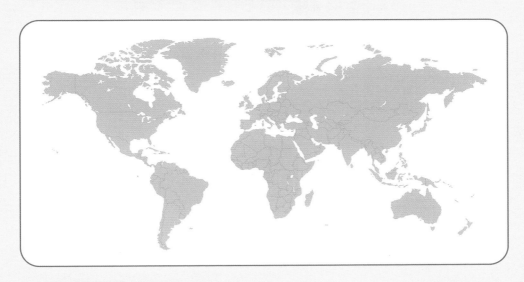

② 조사한 내용을 정리해 봅시다. (그림, 표 등)

③ 조사한 내용을 바탕으로 자신의 생각을 적어 봅시다.

건강을 지키는 새로운 방법

미래 사회에 건강을 지킬 수 있는 새로운 방법은 무엇이 있는지 알아보고
나만의 아이디어를 나타내 봅시다

1. QR코드를 찍어 영상을 보고 인공지능이 의료 기술에 어떻게 활용되고 있는지
알아봅시다.

AI 구급차
전국 첫 도입

AI 의사
암 판별에 CT 분석까지

디지털 헬스
잠도, 스트레스도 디지털로

더 알아 볼까요?

전자 의수 스타트업 '오픈 바이오닉스'의 히어로 암(Hero Arm)

오픈 바이오닉스는 영국의 스타트업으로 전자 의수를 연구하고 개발하는 곳입니다. 이 회사는 팔을 잃은 장애인에게 전자 의수를 저렴한 가격에 제공하기 위해 2014년에 만들어졌다고 합니다. 오랜 시간 연구 끝에 3D 프린터로 만든 일명 히어로 암(Hero Arm)을 개발했으며, 히어로 암의 명칭은 디즈니 영웅 캐릭터 디자인이 입혀져 있기 때문이라고 합니다. 〈아이언맨〉, 〈겨울왕국〉, 〈스타워즈〉 캐릭터 등을 디즈니에서 마음껏 쓸 수 있도록 허락했기에 가능한 일이었습니다. 무엇보다 3D 프린팅 기술 덕분에 기존 의수에 비해 가격이 1/3 수준밖에되지 않는다는 점이 주목할 만합니다.

2. 인공지능의 발달은 여러 장단점을 가지고 있습니다. 그렇다면 특히 의료 기술에 인공지능이 적용되었을 때, 어떤 장점을 갖게 될지 적어 봅시다.

3. 첨단 기술을 이용한 나만의 아이디어로 사람들이 건강해질 수 있는 방법을 브레인스토밍 해 봅시다.

✦ 어떤 방식으로 활용할 수 있을까요?   ✦ 왜 이 아이디어를 생각하게 되었나요?
✦ 내가 도움을 주고자 하는 것은 무엇인가요?   ✦ 장점은 무엇이고 보완할 점은 무엇인가요?
✦ 어떤 사람에게 활용할 수 있나요?

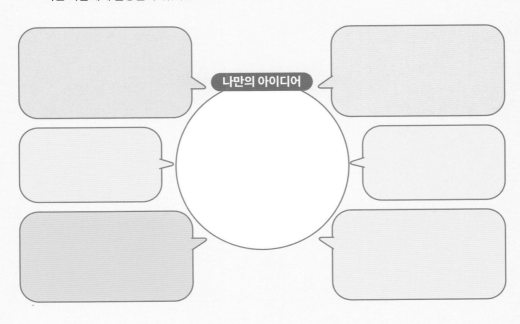

나만의 아이디어

4. 내가 생각한 아이디어를 자세하게 적어 봅시다.

5. 학급에서 '첨단 기술 아이디어 발표회'를 열어 친구들에게 나의 아이디어를 설명해 봅시다. 그리고 친구들의 아이디어 가운데 마음에 드는 것을 골라 아래의 표를 작성해 봅시다.

친구 이름
아이디어 ---------------------------- 친구의 아이디어가 좋은 이유

친구 이름
아이디어 ---------------------------- 친구의 아이디어가 좋은 이유

친구 이름
아이디어 ---------------------------- 친구의 아이디어가 좋은 이유

친구 이름
아이디어 ---------------------------- 친구의 아이디어가 좋은 이유

틀린 게 아니라 다른 거야

일상적이고 자연스럽게 벌어지는 일들 때문에 상처를 받은 적이 있나요?
아무렇지도 않은 말, 아무렇지도 않은 행동이라 여겨, 무심코 했던 말과 행동이 누군가에게는
차별로, 편견으로 느껴질 수 있습니다. 그렇다면 우리가 지금까지 무심코 했던 말과 행동이
차별과 편견이었음을 어떻게 알아차릴 수 있을까요? 또한 이러한 상황을 점점 줄여 가기
위해 우리가 할 수 있는 것은 무엇이 있을까요? 지금껏, 우리가 미처 몰랐던 차별적인 생각과
편견에 대해 알아봅니다.

사회 속 불평등 보드게임

불평등 보드게임을 해보며 생각해 봅시다

✦ **보드게임을 해보며, 우리 사회 속에서 어떤 차별과 편견이 있는지 생각해 봅시다.**

> ### 준비하기
>
> 주사위, 상황 카드, 캐릭터 카드, 포인트 판, 말
> ✦ 부록 활동지를 활용해 게임을 해 봅시다.
>
> ❶ 보드게임의 상황 카드를 글씨가 보이지 않도록 뒤집어 아래 그림과 같이 놓습니다.
> ❷ 황금열쇠 카드는 가운데에 놓습니다.
> ❸ 캐릭터 카드의 설명을 보지 않고 하나씩 선택합니다. 말 2개와 포인트 판을 가지고 갑니다. 나는
>   선택한 카드의 캐릭터가 되어 게임을 합니다.

게임 방법

❶ 출발 지점에 말을 1개씩 놓습니다. 내가 갖고 있는 포인트 판의 0점 칸에 나머지 말 1개를 놓습니다. 주사위를 한 번씩 숫자가 가장 많이 나오는 사람부터 시작하여 오른쪽으로 순서를 돌아갑니다.

❷ 주사위를 던져 나온 숫자만큼 이동합니다. 도착한 칸의 상황 카드를 뒤집어 모두 함께 볼 수 있도록 큰 소리로 읽습니다. 상황 카드의 장소에서 내가 차별받지 않는다면 포인트를 1점 얻습니다. 하지만 내가 차별을 받아 불편함을 겪는 상황이라면 포인트를 얻지 못합니다.

❸ 순서대로 돌아가며 게임을 진행하고 한 사람이 10포인트에 도달하거나 출발 지점을 두 바퀴 지나면 게임을 종료합니다.

✦ 황금열쇠가 나오면 가운데의 황금열쇠를 가져갑니다. 황금열쇠는 내가 포인트를 얻지 못하는 상황에서 카드를 내고 대안을 제시하면 포인트를 얻을 수 있습니다.

✦ 한 바퀴를 돌아 출발 지점을 지날 때마다 포인트를 1점 얻습니다.

1. 게임을 하면서 내가 겪은 불평등은 무엇인지 정리해 봅시다.

2. 불평등을 겪은 까닭은 무엇인지 생각해 봅시다.

3. 실제 생활에서 이런 불평등을 겪는다면 기분이 어떨지 적어 봅시다.

---

4. 게임을 하면서 다른 친구들이 겪은 불평등과 그 까닭을 정리해 봅시다.

친구들이 겪은 불평등	까닭

5. 게임 속 불평등 상황을 지금 이 순간에도 겪고 있는 사람들이 있습니다. 그들이 원하는 세상은 어떤 세상일지 생각해 봅시다.

---

6. 우리 주변에서 불평등을 겪는 사람들을 생각해 보며 보드게임을 다시 한번 해 봅시다.

중요한 내용 발견하기

그림과 사진을 보고 중요한 내용을 찾아봅시다

---

1. 다음 그림과 사진을 보고 떠오르는 내용을 빈칸에 각각 써 봅시다.

소주제

소주제

공통적인 대주제

소주제

소주제

소주제

소주제

2. 특정 집단을 차별하거나 혐오의 표현으로 피해를 주는 사례를 살펴보고 같은 주제에 해당하는 내용끼리 동그라미에 색칠하세요. (해당하는 주제가 여러 개일 경우 그와 관련된 색을 다양하게 색칠해도 좋음)

이주 노동자 차별	어린이·청소년 차별	노인 차별
인종 차별	장애인 차별	성 차별

○ 임금을 제때 받지 못한 경우도 많아요.

○ 버스에 휠체어 승강 시설 설치가 안 돼 있어요.

○ 까무잡잡하다며 '똥남아인'이래요.

○ 일하면서 가장 많이 들은 말은 '이 X끼', '저 X끼'예요.

○ '노키즈존'이어서, 8살인 저는 입장이 안 된대요.

○ 음성 지원이 되는 키오스크가 설치되면 좋겠어요.

○ 할머니가 택시를 타려는 자세를 취했는데도 5대가 그냥 지나갔어요.

○ 체육 시간에 여학생은 피구, 남학생은 축구를 했어요.

○ 커피숍 종업원들끼리 "노인이 많으면 젊은 사람이 안 온다."라고 말했어요.

○ '중2병', '급식충'이라는 말 들을 때 기분이 안 좋아요.

○ 저에게 "살만 빼면 예쁠 것 같은데."라고 했어요.

그래프 읽고 해석하기

그래프를 읽고 해석해 봅시다

1. 다음 그래프를 읽고 해석해 봅시다.

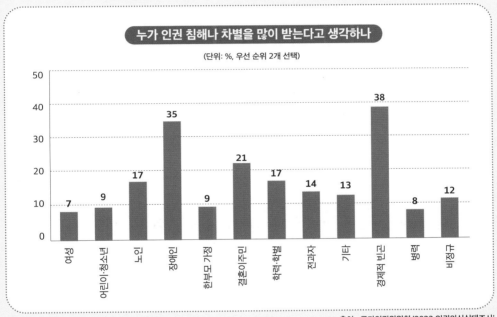

누가 인권 침해나 차별을 많이 받는다고 생각하나
(단위: %, 우선 순위 2개 선택)

출처: 국가인권위원회 '2022 인권의식실태조사'

① 두 번째로 많은 차별을 받는다고 응답한 집단은 누구인지 적어 봅시다.

---

② 여성과 어린이·청소년은 응답자의 몇 %에 해당하는지 계산해 봅시다. (_____)%

③ 노인은 여성보다 얼마만큼 더 차별을 받고 있는지 적어 봅시다. 약 (_____) 배

2. 다음 그래프는 특정 집단에 대한 '혐오 표현'을 들어 본 적이 있는지 조사하여 나타낸 것입니다. 물음에 답해 봅시다.

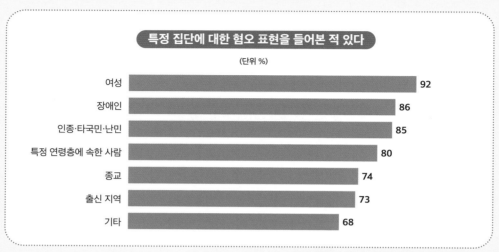

특정 집단에 대한 혐오 표현을 들어본 적 있다

(단위 %)

집단	비율
여성	92
장애인	86
인종·타국민·난민	85
특정 연령층에 속한 사람	80
종교	74
출신 지역	73
기타	68

출처: 한국일보 '2022 혐오, 차별 표현'에 대한 인식 실태 조사'

① 어느 집단에 대한 혐오 표현을 가장 많이 들어봤다고 답했는지 적어 봅시다.

② 이 그래프를 보고 알 수 있는 사실을 한 가지 적어 봅시다.

③ 왜 그래프의 특정 집단이 혐오 표현을 많이 들었을지 모둠 친구들과 토의해 봅시다.

혐오와 차별 표현 싫어요! 존중 표현 좋아요!
혐오와 차별 표현을 인식하고 존중 표현을 떠올려 봅시다

1. 다음 글을 읽고 물음에 답해 봅시다.

○○ 시는 '맘스 스테이션(Mom's Station)' 대신 '어울터'로…

　'맘스 스테이션'(Mom's Station)은 아이들 또는 양육자가 학교나 학원 차량을 기다리는 장소를 말합니다. 그러나 맘스 스테이션은 아이를 데리러 가는 보호자를 엄마(Mom)로 특정해 성차별적 표현이라는 지적이 있었습니다. 따라서 ○○시는 2023년 7월 시민의 참여로 '이웃과 함께 어울리는 공간'이라는 의미를 담아 '어울터'라는 새로운 이름으로 선정했습니다.

① 어린이 승하차장을 뜻하는 '맘스 스테이션'의 새로운 명칭은 무엇이었는지 적어 봅시다.

----

② '맘스 스테이션'의 명칭을 새롭게 바꾼 이유에 대해 적어 봅시다.

----

③ '맘스 스테이션'의 새 명칭인 '어울터'의 의미를 되새겨보고, 여러분이 또 다른 이름을 지어 봅니다. 그리고 그렇게 생각한 이유도 적어 봅시다.

----

2. 다음은 우리가 일상 속에서 아무렇지 않게 사용하는 특정 집단에 대한 혐오와 차별 표현(신조어 포함)을 찾아보고, 우리 스스로 이런 표현에 문제 의식을 갖고 올바른 표현으로 고쳐 봅시다.

노인·어린이·청소년	여성·남성	장애인	이주 노동자·외국인
•	• 맘스 스테이션	•	•
•	•	•	•
•	•	•	•
•	•	•	•

노인
① ⋯⋯⋯⋯⋯⋯⋯⋯⋯⋯⋯⋯
② ⋯⋯⋯⋯⋯⋯⋯⋯⋯⋯⋯⋯

어린이·청소년
① ⋯⋯⋯⋯⋯⋯⋯⋯⋯⋯⋯⋯
② ⋯⋯⋯⋯⋯⋯⋯⋯⋯⋯⋯⋯

여성·남성
① 맘스 스테이션 → 어울터 ⋯⋯⋯⋯
② ⋯⋯⋯⋯⋯⋯⋯⋯⋯⋯⋯⋯

이주 노동자·외국인
① ⋯⋯⋯⋯⋯⋯⋯⋯⋯⋯⋯⋯
② ⋯⋯⋯⋯⋯⋯⋯⋯⋯⋯⋯⋯

장애인
① ⋯⋯⋯⋯⋯⋯⋯⋯⋯⋯⋯⋯
② ⋯⋯⋯⋯⋯⋯⋯⋯⋯⋯⋯⋯

'먼지 차별 제로' 카드 뉴스 만들기
'먼지 차별 제로' 카드 뉴스 만들고 홍보해 봅시다

1. 여러분은 '먼지 차별'에 대해 아시나요? 먼지 차별이란 어떤 의미를 지니고 있는지 생각해 봅시다.

내가 생각하는 먼지 차별이란?

_____

_____

_____

외국인 차별

장애인 차별

여(남)성 차별

어린이 청소년 차별

노인 차별

"분홍색 필통인 것을 보니 주인은 여자인가 봐!"
"외국인 노동자에게는 임금을 차등 지급해야 해."
"장애인은 도와줘야 해."
"노인에게 헬스장 출입을 금지해야 합니다."
"부모님이 요즘 제가 중2병 걸렸대요."

나도 모르게 먼지 차별을 하고 있다고요?

먼지 차별이란?

직업이나 성별, 나이, 인종, 성 정체성, 장애 등 사소한 편견이나 선입관이 만들어 내는 생활 속 차별을 뜻합니다. 먼지처럼 눈에 잘 보이지 않지만, 일상에 존재하는 차별적 표현과 행동들은 상대방에게 상처를 줍니다.

2. '먼지 차별'로 인한 인권 침해 수준을 점검해 봅시다.

번호	점검 사항	해당 유무	
1	친근함을 나타내기 위해 소방관 아저씨, 경찰 아저씨, 간호사 누나(언니) 등으로 부른다.	O	X
2	초보자를 뜻하는 'O린이'라는 말은 언어 유희처럼 유쾌하다고 생각한다.(요리 초보자: 요린이)	O	X
3	결정 장애, 벙어리장갑, 반팔 티, 눈먼 돈 등의 말은 이해하기 쉽다.	O	X
4	아이들 선물은 역시 남자는 로봇, 자동차, 조립 장난감, 여자는 인형이다.	O	X
5	사투리는 표준어가 아닌 지역의 언어이기 때문에 고쳐야 한다.	O	X
6	한국 음식을 잘 먹고, 문화에 적응한 이주민들을 보면 '이야~ 한국인 다 되었다.'라는 생각이 든다.	O	X
7	장애를 극복한 사례를 보고, 장애인들은 용기와 희망을 품어야 한다.	O	X
8	사람을 만나면 출신, 나이, 직업이 궁금해 물어본다.	O	X
9	여자는 남자보다 감정 표현이 능숙하며, 남자는 여자보다 논리적이다.	O	X
10	역시 사무실에 여직원이 있으니까, 분위기가 생기 넘치고 화사하다.	O	X

3. '멈춰! 먼지 차별' 카드 뉴스를 만들어 패들렛이나 온라인 학교 게시판에 게시해 봅시다.

'멈춰! 먼지 차별' 카드 뉴스에 담을 이미지와 간단한 텍스트를 구상하여 나타내 봅시다.	혐오, 차별 표현으로 상처받는 대상(집단)

	혐오, 차별 표현 사례

	선정 이유

차별과 불평등을 해결해요
차별과 불평등을 해결할 수 있는 다양한 방법을 찾아봅시다

---

1. 첫 시간에 사용한 보드게임 상황 카드를 살펴봅시다. 카드의 여러 상황 중 두 가지를 골라 적어 보고 지금까지 학습한 내용을 바탕으로 이러한 차별 및 불평등을 줄여 나갈 방법을 적어 봅시다.

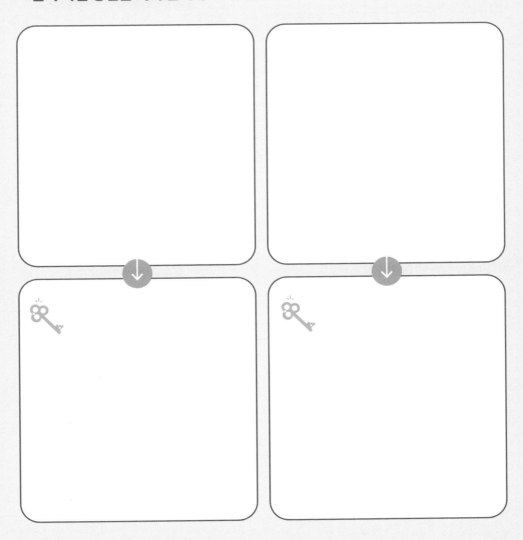

상황 카드

운동장

남자들이 축구를 할 때, 장애를 가진 친구들과 여자들은 축구를 잘 못하기 때문에 참여하지 말라고 이야기합니다.

학교

마을에 장애인 학생들을 위한 학교를 지으려고 하자 마을 주민들이 반대합니다.

카페

'노키즈존', '노시니어존'이라고 적혀 있습니다. 어린이, 나이가 많으신 분들은 카페를 이용할 수 없다고 합니다.

여행

해외여행을 갔는데, 지나가던 외국인이 아시아인을 보고 눈을 찢는 시늉을 하며, '칭챙총'이라고 이야기합니다.

식당

키오스크로만 메뉴를 주문할 수 있는 식당입니다. 기계에 익숙하지 않거나 키오스크 사용이 어려운 경우, 스스로 주문하기 어렵습니다.

직장

회사 앞에 현수막이 달렸습니다. '국민 세금으로 짓는 건물은 외국인이 아닌 국민이 짓자!', '노인보다 청년이 더 취직해야 한다!' 외국인 노동자와 노인은 직장에서 환영받지 않습니다.

지하철

지하철의 휠체어석, 노약자석, 임산부석에 장애인, 노약자, 임산부가 아닌 사람이 앉아 있습니다.

편의점

편의점에서 콜라를 마시려고 캔을 확인하였는데, 캔의 점자는 '음료'라고만 적혀 있습니다.

직장

직장을 다니는 임산부, 엄마 아빠가 육아 휴직을 하려고 하자 육아 휴직을 사용하면 승진은 어려울 것이라고 이야기합니다.

공연장

내가 좋아하는 가수의 콘서트 앞 좌석의 티켓 구매를 어렵게 성공했습니다. 그런데 이 자리는 공간이 좁아 휠체어를 사용할 수 없다고 합니다.

버스

버스 정류장으로 들어오는 버스가 몇 번인지 시각 장애인은 파악할 수 없습니다. 버스에 계단이 있으면, 휠체어를 탄 장애인은 버스에 오르지 못합니다.

사이버

사이버 속 많은 사람들이 학생들을 '급식충', '잼민이'라고 부르며 차별합니다.

2. 모든 사람이 존중받고 평등하게 살아가기 위한 실천 약속을 친구들과 함께 정해 봅시다.

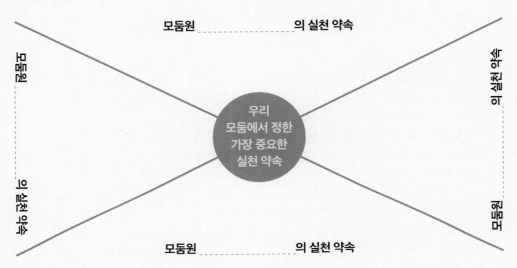

모둠원 _____ 의 실천 약속

모둠원 _____ 의 실천 약속

우리 모둠에서 정한 가장 중요한 실천 약속

모둠원 _____ 의 실천 약속

모둠원 _____ 의 실천 약속

3. 모둠에서 정한 실천 약속을 학급 전체와 공유하며 우리 반의 존중과 평등을 위한 행동 선언문을 만들어 봅시다.

우리 반의 존중과 평등을 위한 행동 선언문

하나, _____

둘, _____

셋, _____

모든 사람이 존중받고 평등하게 살아가기 위한 행동을 위와 같이 실천할 것을 다짐합니다.

20____년 ____월 ____일

____학년 ____반 이름 _____

참고 자료 및 사진 출처

참고 자료

21쪽 · 환경 오염 문제를 해결하기 위해 로봇이 활용된 사례
쓰레기 청소는 나에게 맡겨라 해양로봇 해파리, 〈한국해양과학 기술원 공식 블로그〉, 2024.02.12
youtube.com/shorts/IVlU1sn-yME?si=MExKYkBvBP7wm5QM

34쪽 · 사람들이 뿌리째 뽑아버리는 식물들이 있다고? 생태계 교란 식물
생태계 교란종 습격 '시민 건강까지 위협', 〈울산MBC 뉴스〉, 2023.10.11.

38쪽 · 생태계 교란종에 대하여
생태계 교란 생물이란? 한국 외래생물 정보시스템(kias.nie.re.kr)

48쪽 · 버려진 폐건전지와 폐의약품은 생태계에 어떤 영향을 줄까요?
낙동강에 '뇌전증 치료제' 가바펜틴이 왜? 인체 유해성 연구 필요, 〈KBS 뉴스〉, 2020.07.21
쓰레기통에 그냥 버린 약 때문에 알 낳는 수컷 물고기, 스브스뉴스(youtube.com/@SUBUSUNEWS)

84쪽 · 세계 예방접종 주간
모두를 위한 건강 히어로로, 국가예방접종!, 질병관리청 보도자료, 2024.04.22

88쪽 · 전자 의수 스타트업 '오픈 바이오닉스'의 히어로 암(Hero Arm)
저작권 '갑 오브 갑' 디즈니가 "맘대로 쓰라"한 이 회사.〈JobsN〉, 2021.02.10

101쪽 · ○○ 시는 '맘스 스테이션(Mom's Station) 대신 '어울터'로…
수원시는 '맘스스테이션' 대신 '어울터', 〈정도일보〉, 2024.11.05

105쪽 · '먼지 차별'로 인한 인권 침해 수준
광주광역시 사회서비스원(www.gj.pass.or.kr), 인권 거울 테스트

활동지

129쪽 · 캐나다, 재정적 장벽 없이 모두가 받을 수 있는 의료 서비스
국가별 보건 산업현황, 캐나다 건강보험 체계. 국제의료정보포털 (www.medicalkorea.or.kr)
캐나다 의료 시스템, 메디케어에 대하여. 캐나다 정부 공식웹사이트(www.canada.ca)

130쪽 · 스웨덴, 모든 시민에게 동일하게 의료 서비스 제공
스웨덴 원격의료 앱 '크리'... "공공의료 서비스 혁신의 주역", 〈글로벌에픽〉, 2021.02.16
〈스웨덴의 사회보장제도〉, 이현주, 한국보건사회연구회 연구 보고서, 2017

131쪽 · **호주, 메디케어, 카드 한 장으로 받는 의료 서비스**

　　알쏭 달쏭 호주의 국가보험 시스템, Medicare!,〈호주 톱디지털 뉴스〉, 2024.06.26

　　호주의 의료보험 제도: 공공병원·민간병원 급여율 다르게 설정, 일차 의료 자율성 보장, 〈메디게이트뉴스〉,
　　2022.01.19

132쪽 · **대만, 우리나라처럼 국민건강보험제도를 실시**

　　만족도 한국의 2배, 대만 건강보험 '띵하오'의 이유, 〈경향신문〉, 2018.03.30

　　보편적 의료보장(UHC)의 모델 : 대만의 국민 건강 보험, 〈주한타이베이대표부 뉴스〉, 2018.05.21

　　〈대만의 건강보험통합 운영현황과 시사점〉, 보건복지포럼, 2003.08

사진 출처

20쪽 · **재활용품을 활용한 공기청정기**ⓒ십년후 연구소, ⓒ(사)환경정의

24쪽 · **푸른 하늘의 날 포스터**ⓒ환경부

25쪽 · **환경공단(에어코리아) 공식 캐릭터 하랑이**ⓒ환경공단(www.airkorea.or.kr)

27쪽 · **SONO 홈페이지 캡처**ⓒSONO(https://suno.com/)

59쪽 · **일본 영역도** 〈한국의 독도주권과 샌프란시스코강화조약〉(연구총서 139호), 도시환 엮음, 동북아역사재단,
　　2023.11, 발췌

61쪽 · **한국 전도**ⓒ부평역사박물관 소장

63쪽 · **신찬 조선국전도**ⓒ국토지리정보원 지도박물관 소장

65쪽 · **조선국지리도**ⓒ독도박물관 소장

67쪽 · **독도 체험관, 메타버스 ZEP-독도 체험관 캡처**ⓒ동북아역사재단 독도체험관(dokdomuseum.nahf.or.kr)

77쪽 · **프란시스코 데 고야 〈1808년 5월3일〉, 케테 콜비츠 〈부모〉**ⓒ위키피디아(commons.wikimedia.org)

79쪽 · **에드바르트 뭉크 〈스페인독감 후의 자화상〉, 에곤 실레 〈피살리스와 함께 있는 자화상〉**ⓒ위키피디아
　　(commons.wikimedia.org)

81쪽 · **니콜라 푸생〈아슈도드의 흑사병〉, 에트바르트 뭉크〈절규〉**ⓒ위키피디아(commons.wikimedia.org)

활동지

123, 125쪽 · **한국 전도**ⓒ부평역사박물관 소장

선생님을 위한 가이드

운동장에서 체육을 하고 싶어요!

1. 흐름

기후 변화 문제가 심각합니다. 기후 변화로 학생들이 느끼는 직접적인 불편함을 통해 자신의 삶과 연관지어 심각성을 느끼고 이를 해결하기 위한 행동을 실천할 수 있도록 구성하였습니다. 학생들이 학교에서 몸소 느끼고 있는 체육활동, 즉 미세먼지로 제한을 받는 야외 체육활동에 대해 논의함과 동시에 다양한 교과 수업에서 주제를 '미세먼지'로 통일하여 학생들이 자연스럽게 미세먼지가 발생하는 원인, 피해, 더 나아가 어떻게 극복해야 하는지까지 생각해 볼 수 있도록 하였습니다.

2. 유의점 및 활용 자료

차시	수업의 유의점	참고 자료
1	• 체육관 건설 여부에 대한 뒷받침 근거를 들어 자신의 의견을 주장해 봅시다.	
2	• 안전에 유의하여 즐겁게 놀이합니다.	
3	• 미세먼지가 우리 몸의 기관에 어떤 영향을 미치는지 간단한 그림과 글로 표현합니다.	
4	• 우리 지역의 월별 미세먼지량을 KOSIS(국가통계포털)를 통해 조사할 수 있습니다. • 국가통계포털- 검색창에 '월별 미세먼지' 검색- 검색 결과로 나온 통계표를 활용하여 확인할 수 있습니다.	
5	• 학생 수준에 맞는 STEAM 공기 청정기 키트를 구매하여 진행하시는 것을 추천합니다. 〈준비물: 공기 청정기 DIY 키트〉	
7	• 배운 내용을 학생들의 삶과 연결 지어 실천 활동으로 이어질 수 있도록 합니다.	
8	• 가사를 작성한 후 원하는 음악의 분위기와 장르를 설정하면 학생들이 쉽게 노래를 만들 수 있습니다.	

3. 차시 흐름 및 성취기준

차시	과목	성취기준	학습 내용
1	국어	[6국01-07] 절차와 규칙을 지키고 타당한 이유와 근거를 제시하며 토론한다. [6국01-03] 주제와 관련하여 궁금한 내용을 적극적으로 질문하며 듣고 말한다.	체육관 건설, 당신의 선택은?
2	체육	[6체02-03] 기술형 스포츠 유형별 활동 방법을 파악하고 기본 전략을 파악하여 게임 활동에 적용한다. [6체02-11] 스포츠 활동에 참여하여 팀원과 협력하고 구성원을 배려하는 태도를 나타낸다.	미세먼지를 옮겨라
3	사회	[6사12-02] 지구촌을 위협하는 다양한 문제들을 파악하고, 지속 가능한 미래를 위한 해결 방안을 탐색한다.	미세먼지는 왜 생길까?
4	수학	[6수04-02] 자료를 수집하여 띠그래프나 원그래프로 나타내고 해석할 수 있다. [6수04-03] 탐구 문제를 설정하고, 그에 맞는 자료를 수집, 정리하여 적절한 그래프로 나타내고 해석할 수 있다.	우리 학교 체육대회는 언제 해요?
5	미술	[6미02-05] 미술과 타 교과의 내용과 방법을 융합하는 활동을 자유롭게 시도할 수 있다. [6미02-01] 다양한 방법으로 아이디어를 연결하여 확장된 표현 주제로 발전시킬 수 있다.	신선한 공기, 공기 청정기를 만들어요
6	실과 과학	[6실04-05] 로봇의 종류와 활용 사례를 통해 작동 원리를 이해하고, 로봇에 대한 관심과 흥미를 갖는다. [6과16-01] 미래 사회에 일어날 수 있는 문제를 조사하고, 문제를 해결하는 데 과학이 기여할 방법을 토의할 수 있다.	로봇! 미세먼지를 해결해 주세요
7	도덕	[6도06-02] 지속 가능한 삶의 의미를 탐구하고 미래 세대에 대한 책임을 강화하여 자연의 다양성과 생산성 유지가 가능한 미래를 위해 실천할 방안을 찾는다.	교실에서 시작하는 한 걸음
8	음악	[6음03-03] 음악의 요소를 활용하여 간단한 음악을 만든다. [6음03-04] 생활 주변 상황이나 이야기를 활용하여 음악을 만들며 열린 태도를 갖는다.	'미세먼지' 문제를 알리는 노래 만들기

생태계를 방해해서 미안해

1. 흐름

우리는 생태계가 평형을 이루어야 유지된다는 것을 배웁니다. 하지만 인간의 이기심에 의해서 혹은 의도치 않게 불균형을 이루는 경우가 발생하고 있습니다. 이처럼 생태계를 방해하는 요인을, 말판놀이, 인형극 등 다양한 활동을 통해 학생들이 재미있게 학습할 수 있도록 유도하였습니다. 생태계를 파괴하는 원인을 하나씩 알아보며 학생들이 앞으로 생태계를 보존하고 함께 어울려 살아가는 사회의 일원이 될 수 있도록 간접 경험 시간을 만들어 보고자 하였습니다.

2. 유의점 및 활용 자료

차시	수업의 유의점	참고 자료
1	• 생태계의 의미를 알고, 생산자, 소비자, 분해자의 관계를 이해하도록 합니다.	
2	• 생태계 교란종의 식물들과 특징을 정확하게 아는 것보다는 어떤 영향을 끼치는지에 초점을 맞춰 수업하도록 합니다. • 생태계 교란 식물이 우리에게 온 이유를 살피며 인간의 행동들이 생태계에 영향을 줄 수 있음을 이야기 나눕니다. 〈답안〉 4. 가시박, 돼지풀, 양미역취, 도깨비가지, 가시상추, 환삼덩굴	
3-4	• 주사위 게임의 문제에 대한 답변은 38쪽의 지문을 통해 확인할 수 있습니다. 〈준비물 : 말, 주사위〉 • 생태계 교란 동물 수배 전단지는 미리캔버스 혹은 캔바를 사용하여 만들 수 있습니다.	미리캔버스, 캔바
5	• 시끄러운 음악, 어떤 것을 선택하는지는 중요하지 않습니다. • 학생들이 집중하는 데에 방해가 될 만한 음악을 골라 차이를 느끼도록 합니다.	
6	• 미리 학생들에게 안내를 하여, 가정에서 폐의약품과 폐건전지를 실제 어떻게 처리하고 있는지 조사해 오도록 합니다.	
7-8	• 생태계 교란 식물, 동물 중 한 가지를 주인공으로 정하여 이야기를 만들어 인형극으로 표현해 봅시다. 앞서 배운 내용을 활용하여 생태계에 끼치는 영향에 대한 내용이 들어가도록 합니다. 〈준비물 : 나무막대 혹은 빨대, 두꺼운 종이, 클레이 등 다양하게 활용 가능〉	

3. 차시 흐름 및 성취기준

차시	과목	성취기준	학습 내용
1	과학	[4과14-01] 생태계의 구성 요소를 조사하여 생물 요소와 비생물 요소로 분류할 수 있다. [4과14-02] 생물 요소들의 먹고 먹히는 관계를 조사하여 먹이 그물로 표현할 수 있다.	생태계 교란이란?
2	과학 국어	[4과14-03] 인간 활동이 생태계에 미치는 영향을 조사하고, 생태계 보전을 위해 우리가 할 수 있는 일을 토의하여 실천할 수 있다. [6국02-01] 글의 구조를 고려하며 주제나 주장을 파악하고 글 내용을 요약한다.	생태계 교란 식물
3-4	과학 미술	[4과14-03] 인간 활동이 생태계에 미치는 영향을 조사하고, 생태계 보전을 위해 우리가 할 수 있는 일을 토의하여 실천할 수 있다. [6미02-02] 디지털 매체 등 다양한 표현 재료와 용구를 탐색하여 작품 제작에 활용할 수 있다.	생태계 교란 동물
5	과학	[4과14-03] 인간 활동이 생태계에 미치는 영향을 조사하고, 생태계 보전을 위해 우리가 할 수 있는 일을 토의하여 실천할 수 있다.	수중 소음으로 인한 생태계 교란
6	과학 수학	[4과14-03] 인간 활동이 생태계에 미치는 영향을 조사하고, 생태계 보전을 위해 우리가 할 수 있는 일을 토의하여 실천할 수 있다. [6수04-02] 자료를 수집하여 띠그래프나 원그래프로 나타내고 해석할 수 있다.	폐건전지, 폐의약품으로 인한 생태계 교란
7-8	국어 미술	[6국03-04] 독자와 매체를 고려하여 내용을 생성하고 표현하며 글을 쓴다. [6국05-05] 자신의 경험을 시, 이야기, 극 등 적절한 갈래로 표현한다. [6미02-04] 주제 표현에 의지를 갖고 표현 과정을 돌아보며 작품을 발전시킬 수 있다.	생태계 교란 관련 인형극 하기

사라진 독도를 찾아서

립덥 촬영은
어떻게 해야
할까요?

1. 흐름

독도를 지켜낸 안용복 장군과 함께 여러 시대에 만들어진 고지도를 살펴보며 독도가 대한민국의 땅임을 알아보는 활동으로 구성하였습니다. 인터넷 검색을 통해 세계는 지금 독도를 어떻게 표현하고 있는지 살펴봄과 동시에 고지도에는 독도를 어떻게 표현했는지를 확인해 보며 올바른 역사관을 세울 수 있도록 도모하고자 하였습니다. 다소 어려울 수 있는 고지도를 활용한 수업이기 때문에, 퀴즈나 퍼즐 등 학생들의 흥미를 불러일으킬 만한 형식을 활용하였습니다.

2. 유의점 및 활용 자료

차시	수업의 유의점	참고 자료
1	• 네이버 검색창에서 '일본 구글', '독일 구글'을 검색해 접속하거나 구글에서 '독도'를 검색하면 독도가 어떻게 표기되어 있는지 확인 가능합니다. 일본, 독일 이외의 다른 나라들을 찾아보아도 좋습니다.	
2	• 일본 영역도는 샌프란시스코 대일평화조약 당시 일본 마이니치 신문사에서 그린 지도입니다. 한국의 독립을 인정하고 제주도, 거문도 및 울릉도를 비롯한 한국에 대한 일체의 권리와, 소유권 및 청구권을 포기한다는 내용을 근거하여 일본 영역을 표시했습니다. 일본 영역도에는 선을 그어 독도가 포함되지 않음을 표현하였습니다.	
3	• 한국 전도는 1905년 일본 박물관에서 발행한 한국의 지도입니다. 한국 전도에는 울릉도를 송도로, 독도를 죽도로 표기하였습니다.	
4	• 신찬 조선국전도는 1894년에 일본이 만든 조선의 지도입니다. 조선의 영토는 노란색으로 영해는 파란색으로 채색하고 조선의 영역이 아닌 중국,일본은 흰색입니다. 울릉도와 독도는 '죽도'(竹島), '송도'(松島)라 표기하고, 노란색으로 채색하여 조선의 땅임을 분명히 하였습니다.	
5	〈답안〉 1. 조선국지리도	
6-7	• 아이들 립덥 영상 촬영 지도 전 촬영 방법 영상을 보시고 지도하시길 추천합니다.	상단 QR코드 참고
8	• 빙고 게임 전 독도와 관련된 단어를 조사하는 활동을 진행하여 단순 놀이로 끝나지 않도록 합니다.	

3. 차시 흐름 및 성취기준

차시	과목	성취기준	학습 내용
1	사회	[6사01-02] 독도의 위치 등 지리적 특성과 독도에 대한 역사 기록을 바탕으로 영토로서의 독도의 중요성을 이해한다.	독도가 사라졌어요!
2	국어 사회	[6국06-01] 정보 검색 도구를 활용하여 자신의 목적에 맞는 매체 자료를 찾는다. [6사01-02] 독도의 위치 등 지리적 특성과 독도에 대한 역사 기록을 바탕으로 영토로서의 독도의 중요성을 이해한다.	일본 영역도에서 독도를 찾아라!
3	사회 미술 국어	[6사01-02] 독도의 위치 등 지리적 특성과 독도에 대한 역사 기록을 바탕으로 영토로서의 독도의 중요성을 이해한다. [6미02-05] 미술과 타 교과의 내용과 방법을 융합하는 활동을 자유롭게 시도할 수 있다. [6국06-03] 적합한 양식과 수용자의 반응을 고려하여 복합양식 매체 자료를 제작하고 공유한다.	지도 퍼즐에 숨겨진 독도
4	사회 미술	[6사01-02] 독도의 위치 등 지리적 특성과 독도에 대한 역사 기록을 바탕으로 영토로서의 독도의 중요성을 이해한다. [6미01-02] 자신이나 대상에서 찾은 감각적 특징, 느낌, 생각 등을 관련지어 나타낼 수 있다.	독도야, 퀴즈랑 놀자!
5	사회 국어	[6사01-02] 독도의 위치 등 지리적 특성과 독도에 대한 역사 기록을 바탕으로 영토로서의 독도의 중요성을 이해한다. [6국01-04] 면담의 절차를 이해하고 상대와 매체를 고려하여 면담한다.	암호문을 해독하라!
6-7	체육	[4체03-01] 표현 활동의 의미와 기본 움직임 기술과의 관계를 파악한다. [4체03-02] 움직임 요소에 따른 기본 움직임 기술의 표현 방법을 파악하고 시도한다.	'독도는 우리 땅' 영상 촬영하기
8	국어	[6국03-01] 알맞은 내용을 선정하여 대상의 특성이 나타나게 설명하는 글을 쓴다. [6국03-05] 쓰기 과정을 점검·조정하며 글을 쓰고, 글 전체를 대상으로 통일성 있게 고쳐 쓴다.	독도를 알리는 글쓰기

누구나 건강한 세상을 만들어요

1. 흐름

의료 기술의 발달로 평균수명이 늘어남에 따라 '건강'에 대한 기준이 변화해 가고 있습니다. 학생들의 경우 건강에 대한 관심도가 낮을 가능성이 크므로, 흥미를 높이기 위해 자신의 돌잔치 경험을 자유롭게 이야기 나누며 챕터를 시작하도록 하였습니다. 본격적으로는 건강을 해치는 다양한 원인에 대해 알아보고 이를 극복하기 위해 다양한 국가에서는 어떠한 노력을 하는지, 첨단기술이 건강과 어떠한 관계를 맺고 있는지에 대해서도 알아보는 시간을 갖고 마무리합니다. 또한 미술 교과와 융합하여 관련된 여러 미술 작품을 살펴보며 깊이 있게 학습하는 흐름으로 구성하였습니다.

2. 유의점 및 활용 자료

차시	수업의 유의점	참고 자료
1	〈돌잡이 의미〉 붓 - 공부를 잘하게 될 것이라는 의미를 지닙니다. 실·오색방지 - 무병장수할 것이라는 의미를 지닙니다. 반짇고리 - 손재주가 좋고 기술이 능한 사람이 될 것이라는 의미를 지닙니다 마패 - 출세, 높은 관직, 공직자가 될 것이라는 의미를 지닙니다. 엽전 - 재물이 많고 부자가 될 것이라는 의미를 지닙니다. • 가족과 돌잔치에 관해 이야기했던 내용을 자유롭게 이야기하며 우리나라 돌잔치 문화가 지니는 의미를 생각해 봅니다.	
2-3	• 스페인 독감은 한국에도 엄청난 영향을 주었습니다. '무오년 독감'이라는 이름으로 알려져 있었으며, 한반도 전체 인구의 50%가 감염되었습니다.	
6	• 비교적 의료 복지가 잘되어 있는 나라들의 의료 시스템을 활동지에 정리해 두었습니다. 활동지에 제공된 나라 이외의 나라를 조사해도 괜찮습니다.	
7-8	• 인공지능 이외에도 VR, AR 등 다양한 첨단기술을 이용하여 사람들이 건강해질 수 있도록 하는 아이디어를 생각해 봅니다.	

3. 차시 흐름 및 성취기준

차시	과목	성취기준	학습 내용
1	국어 수학	[6국02-02] 글에서 생략된 내용이나 함축된 표현을, 문맥을 고려하여 추론한다. [6수04-03] 탐구 문제를 설정하고, 그에 맞는 자료를 수집, 정리하여 적절한 그래프로 나타내고 해석할 수 있다.	돌잔치와 환갑잔치는 왜 할까?
2-3	미술 사회	[6미03-01] 미술 작품을 작품이 만들어진 시대적, 지역적 배경 등과 연결하여 이해할 수 있다. [6사12-02] 지구촌을 위협하는 다양한 문제들을 파악하고, 지속 가능한 미래를 위한 해결 방안을 탐색한다.	자연재해와 분쟁으로 심해지는 전염병
4-5	수학 미술	[6수04-03] 탐구 문제를 설정하고, 그에 맞는 자료를 수집, 정리하여 적절한 그래프로 나타내고 해석할 수 있다. [6미02-01] 다양한 방법으로 아이디어를 연결하여 확장된 표현 주제로 발전시킬 수 있다.	영유아 사망률이 여전히 높대요!
6	국어	[6국06-01] 정보 검색 도구를 활용하여 자신의 목적에 맞는 매체 자료를 찾는다. [6국06-02] 뉴스 및 각종 정보 매체 자료의 신뢰성을 평가한다.	다른 나라는 어떤 의료 복지를 제공할까요?
7-8	실과 미술	[6실04-04] 로봇의 개념과 구조를 이해하고, 생활 속 로봇 기능을 체험하여 로봇의 중요성을 인식한다. [6실05-05] 인공지능이 만들어지는 과정을 체험하고, 인공지능이 사회에 미치는 영향을 탐색한다. [6미02-05] 미술과 타 교과의 내용과 방법을 융합하는 활동을 자유롭게 시도할 수 있다.	건강을 지키는 새로운 방법

틀린게 아니라 다른 거야

1. 흐름

최근 온라인을 비롯해 오프라인에서는 '혐오'와 '차별' 표현이 증가하고 있습니다. 그리고 경제, 교육, 성별, 인종 등 사회 불평등 현상도 끊이지 않고 있습니다. 더불어 우리가 자주 사용하는 단어들이 혐오와 차별 표현임을 알지 못하고 사용하거나, 사회 속에서의 차별, 불평등 현상을 당연히 받아들이는 자세 또한 심각한 문제입니다. 이번 챕터에서는 보드게임을 통해 차별받는 여러 인물의 입장을 간접 체험하고, 무심코 지나쳤던 여러 일상 속 차별을 바로잡아 보는 시간을 갖을 수 있도록 하였습니다. 우리의 삶 가까이에서 찾을 수 있는 차별과 혐오를 멈추는 방법을 생각해 봄으로써 실천할 수 있는 동기를 높일 수 있도록 하였습니다.

2. 유의점 및 활용 자료

차시	수업의 유의점	참고 자료
1-2	• 게임을 할 때 사람들이 어떤 차별로 인해 불편함을 겪는지 느껴 봅니다.	
3	• 97쪽, 우측 하단 그림은 똑같은 노래 오디션 프로그램에 나갔을 때 남자는 실력적인 면에 대해 먼저 피드백, 여자에 대해서는 외모에 대해 먼저 피드백하는 장면으로 남녀 차별에 대한 내용입니다.	
4	• 그래프를 통해 혐오와 차별 표현의 대상은 소수이거나 약자가 많이 든다는 것을 느낄 수 있도록 합니다.	
5	• 학생들이 많이 사용하는 혐오와 차별의 의미가 담긴 신조어, 인터넷 용어 이외에도 벙어리 장갑, 유모차, 꿀먹은 벙어리, 결정장애 등 우리 주변에서 흔히 사용하는 표현들도 혐오와 차별 표현임을 인식할 수 있도록 합니다.	
6-7	• 2번 '먼지 차별'로 인한 인권 침해 수준 점검 결과 그렇다 0개: 차별 인식 수준 높다 그렇다 1-3개: 차별 인식 수준 보통 그렇다 4-7개: 차별 인식 수준이 낮은 편 그렇다 8-10개: 차별 인식 수준이 매우 낮다. • 먼지 차별 카드뉴스는 '미리캔버스'나 '캔바'를 이용하여 만드는 것을 추천합니다.	미리캔버스, 캔바

3. 차시 흐름 및 성취기준

차시	과목	성취기준	학습 내용
1-2	사회 국어	[6사03-02] 일상생활에서 인권이 침해되는 사례를 찾아 그 해결 방안을 탐색하고, 인권을 보호하는 활동에 참여한다. [6국05-06] 작품을 읽고 자신의 삶과 연관 지어 성찰하는 태도를 지닌다.	사회 속 불평등 보드게임
3	도덕	[6도02-02] 편견이 발생하는 이유를 탐색하여 해결 방안을 살펴보고 다양성에 대한 존중을 바탕으로 다른 사람과 올바른 관계를 맺기 위한 실천 방안을 탐구한다.	중요한 내용 발견하기
4	수학	[6수04-03] 탐구 문제를 설정하고, 그에 맞는 자료를 수집, 정리하여 적절한 그래프로 나타내고 해석할 수 있다.	그래프 읽고 해석하기
5	도덕	[6도02-02] 편견이 발생하는 이유를 탐색하여 해결 방안을 살펴보고, 다양성에 대한 존중을 바탕으로 다른 사람과 올바른 관계를 맺기 위한 실천 방안을 탐구한다.	혐오와 차별 표현 싫어요! 존중 표현 좋아요!
6-7	사회 국어	[6사03-02] 일상생활에서 인권이 침해되는 사례를 찾아 그 해결 방안을 탐색하고, 인권을 보호하는 활동에 참여한다. [6국06-03] 적합한 양식과 수용자의 반응을 고려하여 복합양식 매체 자료를 제작하고 공유한다.	'먼지 차별 제로' 카드 뉴스 만들기
8	사회 도덕	[6사03-02] 일상생활에서 인권이 침해되는 사례를 찾아 그 해결 방안을 탐색하고, 인권을 보호하는 활동에 참여한다. [6도02-02] 편견이 발생하는 이유를 탐색하여 해결 방안을 살펴보고 다양성에 대한 존중을 바탕으로 다른 사람과 올바른 관계를 맺기 위한 실천 방안을 탐구한다.	차별과 불평등을 해결해요

활 동
지

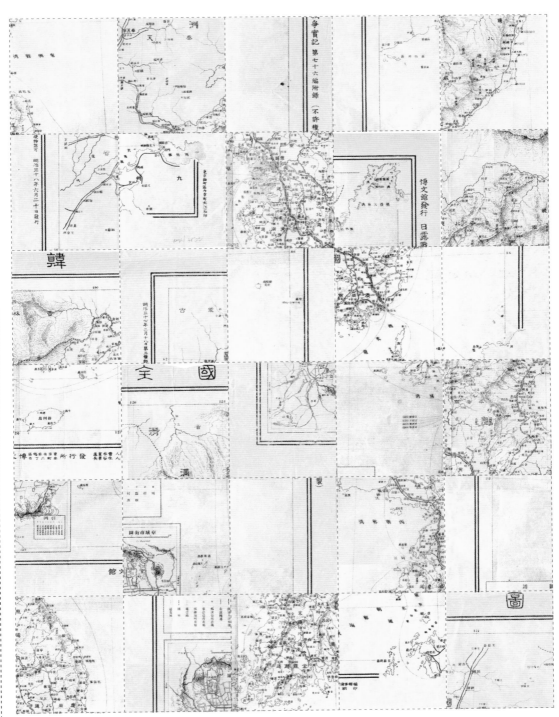

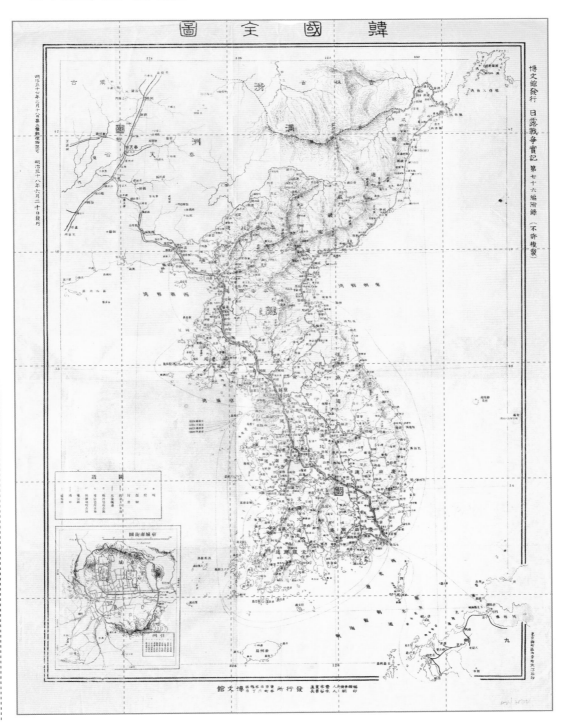

의료 복지 사례 ①

캐나다, 재정적 장벽 없이 모두가 받을 수 있는 의료 서비스

 캐나다는 의료 복지 시스템이 잘 갖추어진 나라 중 한 곳입니다. 캐나다의 의료 복지 정책 목적은 거주자의 신체적, 정신적 건강을 보호하고 회복시키며 이때 재정적 장벽 없이 모두가 의료 서비스에 대해 접근할 수 있도록 하는 것입니다.

캐나다의 공공 의료 복지 시스템은 1984년에 제정되었으며, '메디케어'라고 불립니다. 캐나다 시민과 영주권자는 누구나 메디케어를 신청할 수 있고 신청 후 제공받은 헬스 카드로 공공 의료 서비스를 받게 됩니다. 헬스 카드를 가진 사람들은 병원 치료, 검사, 수술, 예방접종 등에 대한 의료 서비스를 무료로 받을 수 있습니다. 이뿐만 아니라 응급 상황일 경우 응급실 의료 서비스 또한 무료로 제공됩니다. 그렇다고 모든 의료 서비스를 무료로 받을 수 있는 것은 아닙니다. 치과 치료나 안과 치료, 물리치료 및 처방 약 등에 대한 비용은 소득에 따라 일부만 지원되거나 개인이 부담해야 합니다.

메디케어는 캐나다 정부가 정한 가이드라인에 따라 13개의 주(Provinces)와 준주(Territoreis)에서 자체적으로 건강보험 시스템을 운영합니다. 그래서 '주'별로 건강 보험을 부르는 명칭부터 적용되는 의료 서비스의 대상과 범위가 조금씩 다릅니다.

캐나다 시민에게 무료로 제공하는 의료 서비스 비용 대부분은 각 주의 세금과 캐나다 정부 보조금으로 충당됩니다. 일부 주의 경우 주민에게 보험료를 일부 부과하거나, 고용주에게 고용세를 부과하여 재정을 충당하기도 합니다.

캐나다 메디케어의 아쉬운 점으로는 진료를 받기까지 오랜 시간을 기다려야 한다는 점이 있습니다.

의료 복지 사례 ②

스웨덴 , 모든 시민에게 동일하게 의료 서비스 제공

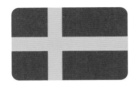

스웨덴의 의료 보장 제도는 선진화되어 있다고 알려져 있습니다. 전반적인 의료 서비스에 대한 책임을 국가에서 맡고 있습니다. 스웨덴의 의료 제도 목표는 모든 시민이 동일하게 의료 서비스를 제공받는 것입니다.

모든 스웨덴 시민과 거주자는 공공 의료 서비스를 받을 수 있습니다.

스웨덴의 의료 시스템은 전 세계적으로 높은 품질을 자랑하며 의료 기술 발전과 함께 최신 치료 방법이 널리 보급되어 있습니다. 또한 진료비 상한선이 정해져 있어 고비용의 진료를 받을 때, 부담 없이 치료를 받을 수 있습니다.

스웨덴은 건강 촉진과 질병 예방에 큰 비중을 두고 있습니다. 공공 단체와 지역 사회는 교육, 예방접종, 건강 캠페인 등을 통해 건강을 증진하는 데 주력하고 있습니다. 노인에 대한 의료 서비스 가운데는 거동이 불편할 경우 가정에 방문하여 의료 서비스를 받을 수 있도록 하고 있습니다.

스웨덴 의료 시스템은 투명하게 운영되어, 국민들은 본인의 의료 기록 및 의료 서비스에 대한 정보를 쉽게 접근할 수 있습니다. 이러한 요소들로 인해 스웨덴은 높은 생활의 질을 유지하면서도 광범위한 공공 의료 서비스를 제공하는 나라로 평가받고 있습니다.

원격의료가 활발한 스웨덴, 앱 '크리'

스웨덴의 의료 복지는 잘되어 있으나 대기가 길어 사소한 질병으로 인해 병원에서 의사를 만나기는 쉽지 않다는 문제가 있습니다. 이러한 점을 보완하기 위해 앱을 통해 의사와 진료받을 수 있는 원격 의료가 활발합니다. 스웨덴에서 개발한 '크리'는 화상 통화로 의사에게 진료를 받을 수 있는 앱입니다. 이제는 유럽 전역으로 확산할 정도로 자리매김이 되었습니다. 20세 미만은 무료로 진료를 받을 수 있으며 이 앱을 통해 100만 명 넘는 환자가 진료를 받아 공공 의료를 확대했다는 평가를 받고 있습니다.

호주, 메디케어, 카드 한 장으로 받는 의료 서비스

호주의 의료보험제도는 캐나다와 마찬가지로 '메디케어'라고 불립니다. 의료 서비스를 이용하거나 약을 구입할 때 도움이 될 수 있는 지원금 및 서비스를 제공해 경제적 차이와 상관없이 모두가 의료 서비스를 받을 수 있도록 하고 있습니다.

호주의 '메디케어'는 모든 호주 시민과 영주권자를 대상으로 한 공공 의료보험 시스템입니다. 국민에게 저렴한 비용 또는 무료로 의료 서비스를 받을 수 있도록 정부가 운영하고 있습니다. 메디케어를 신청한 대상에게는 '메디케어 카드'가 발급되며, 이 카드를 의료 기관에 제시하면 혜택을 받을 수 있습니다. 호주의 메디케어는 모든 병원의 진료비와 약값이 100% 무료로 제공되는 것은 아닙니다. 호주 국공립 병원을 이용해 진료나 치료를 받을 경우 무료로 의료 서비스를 받을 수 있으나, 사립 병원에서 진료를 받는 경우 일부 진료 비용을 보조 받아 약간의 비용 지출이 있습니다. 의약품 또한 약값의 일부 비용을 보조합니다.

메디케어 서비스는 정신 건강과 출산에 대한 의료 서비스도 무료로 제공합니다. 다만, 구급차 서비스, 침술, 치과 치료, 물리 치료는 개인이 비용을 지불해야 합니다. 메디케어 서비스 제공을 위한 비용은 주로 세금을 통해 조달됩니다. 대부분의 납세자는 소득의 2%를 메디케어 부담금으로 납부하고 있으며, 일정 요건 이상의 고소득층은 더 많은 비율로 메디케어 부담금을 납부합니다.

의료 복지 사례 ④

대만, 우리나라처럼 국민건강보험제도를 실시!

대만의 의료 보장 제도는 잘 갖춰져 있어, 국민들의 의료 만족도가 아주 높습니다. 우리나라처럼 모든 사람이 경제적으로 제약 받지 않고 의료 보장을 받을 수 있는 국민건강보험제도를 시행하고 있습니다.

대만은 1995년 '전민건강보험제도'를 도입했습니다. 이 제도는 우리나라의 국민건강보험제도와 비슷합니다. 모든 국민이 필수로 부담 능력에 따라 보험료를 납부해야 하며, 보험료 부담 수준과 관계없이 균등하게 의료 서비스가 보장됩니다. 전 국민(법적 주둔 외국인 포함)에게 IC카드(전자 건강보험증)를 발급해 진료기록, 건강 상태 및 복용한 약물 등 환자의 건강관리를 돕고 있습니다.

대만의 건강보험제도에 대한 국민 만족도는 85.8%로 한국의 2배에 달합니다. 그 이유를 살펴보면 첫 번째 '장기 요양 정책, 방문 진료'입니다. 건강이 쇠약하거나 치매, 중증 질환이 있는 노인, 장애인, 취약계층에 대한 방문 진료로 충분한 맞춤형 의료 서비스를 지원하고 있습니다. 두 번째는 병원 문턱을 낮춘 '중대 상병 제도'입니다. 암, 혈우병, 만성 정신질환 등 100여 개 질병을 대상으로 환자의 본인 분담금(병원비)을 일부 면제하여, 과도한 의료비 부담을 주지 않고 있으며 특히 중저소득층과 6세 이하 아동의 경우 전액 지원하고 있습니다. 마지막으로 세 번째는 '총액 계약제'입니다. 일정 기간, 병(의)원에 제공될 의료 서비스 총액을 사전에 결정하고, 총액 범위 안에서 진료가 이뤄지도록 관리함으로써 과잉 진료를 막고 있습니다.

출발!

한 바퀴를 돌아
출발 지점으로 오면
포인트 1점을 받아요.

학교

마을에 장애인 학생들을
위한 학교를 지으려고 하자
마을 주민들이 반대합니다.

카페

'노키즈존', '노시니어존'
이라고 적혀 있습니다. 어린이,
나이가 많으신 분들은 카페를
이용할 수 없다고 합니다.

여행

해외여행을 갔는데,
지나가던 외국인이 아시아인을
보고 눈을 찢는 시늉,
'칭챙총'이라고 이야기합니다.

식당

키오스크로만 메뉴를 주문할
수 있는 식당입니다. 기계에
익숙하지 않거나 키오스크
사용이 어려운 경우, 스스로
주문하기 어렵습니다.

직장

회사 앞에 현수막이 달렸습니다.
'국민 세금으로 짓는 건물은
외국인이 아닌 국민이 짓자!',
'노인보다 청년이
더 취직해야 한다!'
외국인 노동자와 노인은
직장에서 환영받지
않습니다.

지하철

지하철의 휠체어석,
노약자석, 임산부석에
장애인, 노약자, 임산부가
아닌 사람이 앉아 있습니다.

편의점

편의점에서 콜라를 마시려고
캔을 확인하였는데, 캔의 점자는
'음료'라고만 적혀 있습니다.

직장

직장을 다니는 임산부, 엄마,
아빠가 육아 휴직을 하려고 하자,
육아 휴직을 사용하면
승진은 어려울 것이라고
이야기합니다.

황금열쇠

카드를
한 장 가지고 갑니다.

운동장

남자들이 축구를 할 때, 장애를
가진 친구들과 여자들은 축구를
잘 못하기 때문에 참여하지
말라고 이야기합니다.

직장·학교

남자들에게만 무거운 물건을
들게 해 힘이 듭니다.
여자라는 이유로 원하지 않는
설거지, 청소 등을 하라고
말합니다.

공연장

내가 좋아하는 가수의 콘서트
앞 좌석의 티켓 구매를 어렵게
성공했습니다. 그런데 이 자리는
공간이 좁아 휠체어를 사용할 수
없다고 합니다.

버스

버스 정류장으로 들어오는
버스가 몇 번인지 시각 장애인은
파악할 수 없습니다. 버스에 계단이
있어 휠체어를 탄 장애인은
버스에 오르지 못합니다.

사이버

사이버 속 많은 사람들이
학생들을 '급식충', '잼민이'라고
부르며 차별합니다.

직장

취업을 준비하고 있는
사람들에게 열심히 일을 하면
정직원을 시켜주겠다고
약속을 하며 정해진 월급보다
훨씬 적은 돈을 지급합니다.

종교

B 종교의 사원을 지으려고 하자
마을 사람들이 사원 짓는 것을
반대합니다.

황금열쇠

카드를
한 장 가지고 갑니다.

국적: 대한민국
나이: 30-40대
성별: 남
장애 여부: 없음
1세의 자녀 있음

국적: 대한민국
나이: 60-70대
성별: 여
장애 여부: 없음

국적: 대한민국
나이: 30-40대
성별: 남
장애 여부: 시각 장애 있음
자녀 없음

국적: 대한민국
나이: 20-30대
성별: 여
장애 여부: 없음
취업을 준비하는 대학생

국적: A 나라(외국)
나이: 40-50대
성별: 남
종교: B
장애 여부: 없음
서울시에 거주하며
직장에 다님
자녀 없음

국적: 대한민국
나이: 11살
성별: 여
장애 여부: 없음

국적: 대한민국
나이: 30대
성별: 여
장애 여부: 없음
임산부

국적: 대한민국
나이: 30-40대
성별: 여
장애 여부: 지체 장애 있음
휠체어를 사용해야
이동이 가능함
자녀 없음

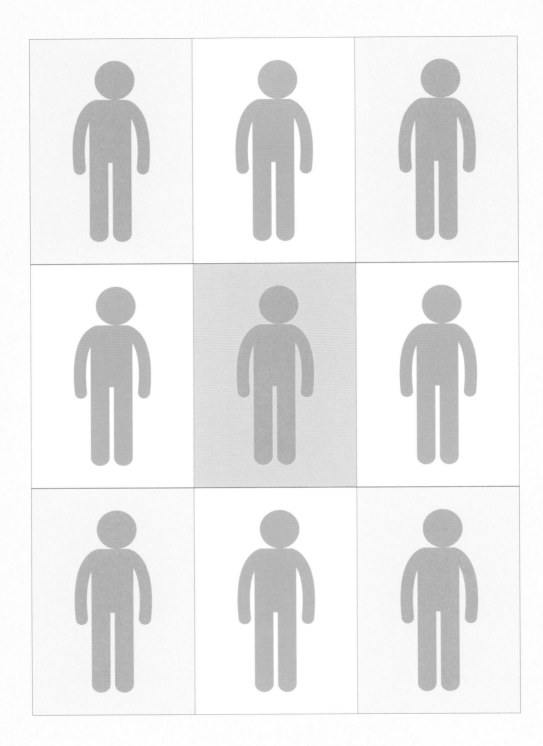

0	1	2	3	4	5
	6	7	8	9	10

0	1	2	3	4	5
	6	7	8	9	10

0	1	2	3	4	5
	6	7	8	9	10

0	1	2	3	4	5
	6	7	8	9	10

0	1	2	3	4	5
	6	7	8	9	10

0	1	2	3	4	5
	6	7	8	9	10

사회 속 불평등 보드게임 포인트 판 말

사회 속 불평등 보드게임 황금열쇠